Kauder
Band 1

© TA

Raststätte am Polarkreis

Impressum

Hillevi Low
Finnisch – Wort für Wort
erschienen im REISE KNOW-HOW Verlag
Peter Rump GmbH
Osnabrücker Str. 79, D-33649 Bielefeld
info@reise-know-how.de

14., neu bearbeitete und verbesserte Auflage 2013

Bearbeitung & Layout Claudia Schmidt
Umschlag Peter Rump (Coverfoto: Hillevi Low)
Kartographie Iain Macneish
Layout-Konzept Günter Pawlak, FaktorZwo! Bielefeld
Fotos Thorsten Altheide (TA)
Druck und Bindung Werbedruck GmbH Horst Schreckhase, Spangenberg

ISBN: 978-3-89416-794-3

Printed in Germany

Dieses Buch ist erhältlich in jeder Buchhandlung Deutschlands, Österreichs, der Schweiz und der Benelux-Staaten. Bitte informieren Sie Ihren Buchhändler über folgende Bezugsadressen:

Deutschland Prolit GmbH, Postfach 9, 35461 Fernwald (Annerod) sowie alle Barsortimente
Schweiz AVA-buch 2000, Postfach 27, CH-8910 Affoltern
Österreich Mohr Morawa Buchvertrieb GmbH, Sulzengasse 2, A-1230 Wien
Belgien & Niederlande Willems Adventure, www.willemsadventure.nl
direkt Wer im Buchhandel kein Glück hat, bekommt unsere Bücher zuzüglich Porto- und Verpackungskosten auch direkt über unseren Internet-Shop: **www.reise-know-how.de**

Zu diesem Buch ist ein **AusspracheTrainer** erhältlich, auf **Audio-CD** in jeder Buchhandlung Deutschlands, Österreichs, der Schweiz und der Benelux-Staaten oder als **MP3-Download** unter **www.reise-know-how.de**

Der Verlag möchte die **Reihe Kauderwelsch** weiter ausbauen und **sucht Autoren!** Mehr Informationen finden Sie unter ***www.reise-know-how.de/rkh_mitarbeit.php***

Kauderwelsch

Hillevi Low

Finnisch

Wort für Wort

REISE KNOW-HOW
im Internet
www.reise-know-how.de
info@reise-know-how.de

Aktuelle Reisetipps und Neuigkeiten, Ergänzungen nach Redaktionsschluss, Büchershop und Sonderangebote rund ums Reisen

Kauderwelsch-Sprechführer sind anders!

Warum? Weil sie Sie in die Lage versetzen, wirklich zu sprechen und die Leute zu verstehen.

Wie wird das gemacht? Abgesehen von dem, was jedes Sprachbuch bietet, nämlich Vokabeln, Beispielsätze usw., zeichnen sich die Bände der Kauderwelsch-Reihe durch folgende Besonderheiten aus:

Die **Grammatik** wird in einfacher Sprache so weit erklärt, dass es möglich wird, ohne viel Paukerei mit dem Sprechen zu beginnen, wenn auch nicht gerade druckreif.

Alle Beispielsätze werden doppelt ins Deutsche übertragen: zum einen **Wort-für-Wort**, zum anderen in „ordentliches" Hochdeutsch. So wird das fremde Sprachsystem sehr gut durchschaubar. Denn in einer fremden Sprache unterscheiden sich z. B. Satzbau und Ausdrucksweise recht stark vom Deutschen. Ohne diese Übersetzungsart ist es so gut wie unmöglich, schnell einzelne Wörter in einem Satz auszutauschen.

Die **Autorinnen** und **Autoren** der Reihe sind Globetrotter, die die Sprache im Land selbst gelernt haben. Sie wissen daher genau, wie und was die Leute auf der Straße sprechen. Deren Ausdrucksweise ist nämlich häufig viel einfacher und direkter als z. B. die Sprache der Literatur oder des Fernsehens.

Besonders wichtig sind im Reiseland **Körpersprache**, **Gesten**, **Zeichen** und **Verhaltensregeln**, ohne die auch Sprachkundige kaum mit Menschen in guten Kontakt kommen. In allen Bänden der Kauderwelsch-Reihe wird darum besonders auf diese Art der nonverbalen Kommunikation eingegangen.

Kauderwelsch-Sprechführer sind keine Lehrbücher, aber viel mehr als Sprachführer! Wenn Sie ein wenig Zeit investieren und einige Vokabeln lernen, werden Sie mit ihrer Hilfe in kürzester Zeit schon Informationen bekommen und Erfahrungen machen, die „sprachlosen" Reisenden verborgen bleiben.

Inhalt

Inhalt

© TA

Hauptbahnhof Helsinki

Vorwort

Auf finnischem Boden gelandet, werden Sie schon bald feststellen, dass Sie sich natürlich auch mit Deutsch und Englisch durchschlagen können. Führt Ihr Weg Sie jedoch zu den etwas entlegenen Plätzen des Landes, kann die Unterhaltung in „Fremdländisch" recht still und stumm werden.

Ich habe mir Mühe gegeben, die komplizierte finnische Grammatik ein bisschen einfacher zu gestalten. Dass sie nun kinderleicht ist, kann ich nicht behaupten. Sie soll Ihnen einen Einblick in das Geheimnis der langen Wörter geben. Bei dieser Sprache behält ein Wort eben nicht seine Form. Durch Fälle, Stufenwechsel und diverse Endungen verliert das „Endergebnis" manchmal jegliche Gemeinsamkeit mit der Grundform. Wenn man da gar nicht weiß, wieso und warum, hilft einem das Wörterbuch auch herzlich wenig.

Jeder Finne freut sich oder fühlt sich geschmeichelt, wenn Sie ab und zu die richtige Bedeutung oder Endung erwischen. Damit können Sie sogar diejenigen aus der Reserve locken, die bis dahin behauptet haben, kein Deutsch zu sprechen, und nun mit ihren paar Brocken rauskommen. Und somit steht der Kommunikation nichts mehr im Wege.

Viel Spaß in Finnland, schönen Urlaub und hei, hei!

Hinweise zur Benutzung

Der Kauderwelsch-Sprechführer besteht aus drei Teilen: aus Grammatik, Redesituationen und einer Wörterliste.

Der Grammatikteil fasst sich kurz, bringt Ihnen aber alle wichtigen Strukturen eines finnischen Satzes nahe.

Die Wort-für-Wort-Übersetzungen helfen, die Satzstruktur zu durchschauen und eigenständig andere Wörter aus den Themenfeldern im Konversationsteil einzusetzen.

Jeder Satz ist Wort für Wort übersetzt. In der Wort-für-Wort-Übersetzung steht zwischen zwei Wörtern, die man untereinander austauschen kann, ein Schrägstrich. Übersetzt man ein finnisches Wort im Deutschen mit zwei Wörtern, sind diese mit einem Bindestrich in der Wort-für-Wort-Übersetzung verbunden.

Tuletko sinä minun syntymäpäivilleni?
Tuut sä mun synttäreille?
kommst-? du mein Geburtstage-zu-mein
Kommst du zu meinem Geburtstag?

Die Umgangssprache hört man im Alltag nicht nur von jungen Leuten immer häufiger.

In diesem Buch erscheinen außerdem die gängigsten Wörter und Redewendungen auch in der Umgangssprache *(in Kursivschrift)*, ansonsten halte ich mich an die Schriftsprache. Als Umgangssprache bezeichne ich die lässige (auch unkorrekte) Art, die finnische Sprache etwas kürzer zu gestalten. Bei der Umgangssprache verschwinden mal Buchstaben, mal ganze Silben. All das geschieht recht willkürlich ohne offenkundig erkennbare Regeln.

Im Konversationsteil finden Sie alle wichtigen Sätze aus der Alltagssprache, geordnet nach Alltagssituationen, die für Reisende von Bedeutung sind, sowie Hintergrundinformationen über die finnische Kultur.

Die Umschlagklappe hilft, die wichtigsten Sätze und Formulierungen stets parat zu haben. Hier findet man außerdem die wichtigsten Angaben zur Aussprache, das finnische Alphabet, die Zahlen und eine kleine Liste der wichtigsten Fragewörter und Richtungsangaben. Wer Verständigungsprobleme hat, findet im Abschnitt „Nichts verstanden? – Weiterlernen!" Hilfe.

Die Finnen haben Verständnis für jeden, der eine neue Sprache lernen will, müssen sie sich doch ihre eigene Zweitsprache Schwedisch (wird von ca. 7 % der Bevölkerung als Muttersprache gesprochen) als Fremdsprache aneignen.

Hier noch ein paar Tipps: Machen Sie sich mit der Reihenfolge des finnischen Alphabets vertraut, sonst blättern Sie sich die Finger wund. Bei jungen Leuten kommen Sie besser mit der Umgangssprache zurecht. Bei älteren dürfen Sie ruhig die korrekte Art benutzen.

Wenn Ihr Gesprächspartner ein breites Schmunzeln auf seinem Gesicht zeigt, während Sie Finnisch sprechen, verstehen Sie das nicht als Auslachen. Es gibt nur wenige Fremde, die sich an diese Sprache trauen. Daher ist der ausländische Akzent noch ungewohnt und vielleicht etwas erheiternd.

Hören Sie sich Ausprachebeispiele mit Ihrem Smartphone an! Ausgewählte Kapitel im Konversationsteil sind dafür mit einem QR-Code ausgestattet.

Freuen Sie sich über die Aussprache! Wo wird eine Sprache wirklich genauso ausgesprochen, wie sie geschrieben wird?

Über die finnische Sprache

Was macht eigentlich diese fremde Sprache da oben bei den Skandinaviern? Woher kommen die Finnen? Ja, der Weg ist lang und noch heute ist der Ort der Urheimat etwas umstritten.

Die Sprache gehört zu der finnisch-ugrischen Sprachgruppe. Heute nimmt man an, dass die Völker dieser Sprachgruppe aus der Gegend der oberen Wolga und Oka im mittleren Nordrussland stammen. Zu dieser Annahme führt u. a. das Wort mesi, das in allen diesen Sprachen die gleiche Bedeutung hat: nämlich „Honig".

Um 2000 v. Chr. trennten sich die Gruppen, als erste die Ugrier, dann die Ostseefinnen, die ihren langen Weg in Richtung Nordwesten antraten. Die ersten Vorfahren der heutigen Finnen zogen etwa 100 n. Chr. nach Finnland, um dort zu fischen, aber vor allem, um das dort reich vorhandene Wild zu jagen. Denn Pelze waren ein höchst begehrtes Tauschobjekt und besonders bei den Germanen gefragt.

Das war der Anreiz für immer mehr Menschen, sich dort niederzulassen. Somit hat der internationale Handel mit Pelzen die Voraussetzung geschaffen, dieses Land zu besiedeln. Die Einwanderung hat allerdings Jahrhunderte gedauert und war erst um 800 n. Chr. beendet.

Zur Struktur der finnischen Sprache

Eigentlich ist es kein Wunder, dass die Wörter im Finnischen manchmal bis „zum Himmel" wachsen. Denn das, wozu die meisten anderen Sprachen viele kleine Wörter brauchen, sagt das Finnische mit einem einzigen Wort. Also sind es im Grunde gar keine langen Wörter (im Sinne von Worteinheiten), sondern mehrere zusammengeschriebene Aussagen.

talo-ssa-ni-ko	**ystävä-lle-si-kin**
Haus-in-mein-?	*Freund-zu-dein-auch*
in meinem Haus?	auch für deinen Freund

Die Nachsilben dürfen allerdings nicht nach Lust und Laune angehängt werden. Folgende Reihenfolge gilt es zu beachten:

1. Beugungsendung (ersetzt viele unserer Verhältniswörter)
2. besitzanzeigende Nachsilbe
3. sonstige Anhängsel / Partikeln

Es gibt im Finnischen drei Wortgruppen. Nur die zur 1. Gruppe gehörenden Wortarten werden nach Fällen gebeugt, alle anderen nicht.

1. Hauptwörter, Eigenschaftswörter, persönliche Fürwörter, Zahlwörter
2. Tätigkeitswörter
3. Umstandswörter, Bindewörter, Verhältniswörter, Ausrufewörter

Wörter, die weiterhelfen

Wenn Sie „Entschuldigung" sagen, wird sich jeder sich Zeit nehmen, Ihnen zuzuhören, und Sie können noch einen Moment überlegen, was Sie fragen möchten.

Anteeksi!
Entschuldigung!

Missä on ...? – Wo ist / befindet sich ...?

Wenn Sie etwas suchen oder irgendwohin wollen, fragen Sie am besten mit missä on (wo ist), weil die nachfolgende Satzergänzung keine Beugungsendung bekommt.

Missä on taksiasema / museo / ravintola?
wo ist Taxistand / Museum / Restaurant
Wo ist ein Taxistand / Museum / Restaurant?

Onko ...? – Ist (es) ...?

Onko se hyvä?
Ist es gut?

Onko tämä kallis?
Ist dieses teuer?

Onko + -lla / -llä ...? – Haben ...? / Gibt es ...?

Onko sinulla ...? Hast du ...?
Onko Teillä ...? Haben Sie ...?
Onko täällä ...? Gibt es hier ...?

Seitenzahlen
Um Ihnen den Umgang mit den Zahlen zu erleichtern, wird auf jeder Seite die Seitenzahl auch in Finnisch angegeben!

Mistä voin ...? – (Von) wo kann ich ...?

Im Finnischen sagt man oft mistä (von wo) anstatt missä (wo).

Mistä voin soittaa?
wo-aus (ich-)kann anrufen
Wo kann ich anrufen?

Mistä voin ostaa ...?
wo-aus (ich-)kann kaufen ...
Wo kann ich ... kaufen?

Mistä voin saada ...?
wo-aus (ich-)kann bekommen ...
Wo kann ich ... bekommen?

Kiitos! – Danke!

Kiitos avusta.
danke Hilfe-aus
Danke für die Hilfe.

Kiitos sinulle.
danke du-zu
Danke dir.

© TA

Café an einer Landstraße

Aussprache & Betonung

Im ersten Moment mögen Sie das Gefühl haben, die finnische Sprache bestehe nur aus langen, für deutsche Ohren fremden und unaussprechbaren Wörtern. Dabei ist die Aussprache sehr einfach. Alles wird so gesprochen, wie es geschrieben wird. Jeder Buchstabe entspricht nur einem Laut, und umgekehrt jeder Laut nur einem Buchstaben. Aber bitte sprechen Sie die vielen doppelten Selbst- und -mitlaute wirklich „doppelt“ (d. h. lang) aus!

Doppelt ausgesprochene Mitlaute haben wir im Deutschen z. B. an der Grenze der beiden „b“ in „abbeißen“ (allerdings nur bei langsamer und deutlicher Aussprache). Sprechen Sie also ein Wort wie kukka *so wie ein deutliches „kuk-ka“. Im Italienischen gibt es übrigens Ähnliches („mam-ma mia“).*

kuka	wer
kukka	Blume
tuli	Feuer; (er / sie) kam
tuuli	Wind
tulli	Zoll

Betonung

Die Betonung liegt immer auf der ersten Silbe. Bei zusammengesetzten Worten wird das erste Glied etwas stärker betont.

Mit „Butterbrottisch“ ist ein kaltes Buffet gemeint.

kahvi-kuppi	Kaffee(-)tasse
terve-tuloa	Will(-)kommen
voi-leipä-pöytä	Butter(-)brot(-)tisch
talo	Haus
Helsinki	Helsinki
kahvi	Kaffee
kahvila	Kaffeehaus

Groß- & Kleinschreibung

Jeder Satz beginnt mit einem Großbuchstaben, sonst werden nur Namen sowie du (Sinä) und Sie (Te) in der Anrede großgeschrieben.

Alphabet

Das finnische Alphabet besteht aus 21 Buchstaben:

a d e g h i j k l m n o p r s t u v y ä ö

Bitte beachten Sie: Die Wörter mit den Anfangsbuchstaben ä und ö sind am Ende jedes Lexikons zu finden, und nicht wie im Deutschen dem a und o zugeordnet!

Die Buchstaben b, c, f, q, w, x, z und å (schwedisches „o") kommen nur in Fremdwörtern vor.

Buchstabieren

Die Aussprache unterscheidet sich vom Deutschen nur geringfügig. Einige Buchstaben werden anders benannt, was allerdings nur beim Buchstabieren von Bedeutung ist:

c	„see"	**w**	„kaksois wee"
h	„hoo"	**y**	„üü"
j	„jii"	**ü**	„saksalainen üü"
k	„koo"	**x**	„eks"
v	„wee"	**z**	„tseta"

Kauderwelsch-AusspracheTrainer

*Falls Sie sich die wichtigsten finnischen Sätze, die in diesem Buch vorkommen, einmal von einem Einheimischen gesprochen anhören möchten, kann Ihnen Ihre Buchhandlung den **AusspracheTrainer (Audio-CD)** zu diesem Buch besorgen. Sie bekommen ihn auch über unseren Internetshop **www.reise-know-how.de** Der **AusspracheTrainer** steht auch als **MP3-Download** unter **www.reise-know-how.de** zur Verfügung. Alle Sätze, die Sie auf dem **AusspracheTrainer** hören können, sind in diesem Buch mit einem 👂 gekennzeichnet. Mehr über den **Kauderwelsch-AusspracheTrainer** erfahren Sie auf Seite 163.*

Aussprache

h	**heti**	wie in „**H**aus“;
	lehti	vor t, d wie „ch“ in „Li**ch**t“
j	**joku**	wie in „**J**uni“
n	**sana**	wie in „Mo**n**at“;
	sangen	vor k, g wie „ng“ in „fa**ng**en“
r	**tori**	immer gerolltes Zungenspitzen-r, viel deutlicher und länger als im Deutschen ausgesprochen
s	**Saksa**	stimmloses „s“ wie „ß“ in „Fu**ß**“
v	**voi**	immer wie „w“ in „**W**asser“
y	**nyt**	kurzes ü
ä	**päivää**	sehr viel breiter als im Deutschen ausgesprochen
ö	**mökki**	wie in „m**ö**gen“, aber offener

Doppelselbstlaute

Doppelselbstlaute (Diphthonge) sind typisch für die finnische Sprache. Hier gilt wieder: Wie es geschrieben ist, wird es auch ausgesprochen, jedoch nicht getrennt sprechen, z. B. sau-na und nicht etwa „*sa-u-na*“.

Insgesamt existieren 17 Doppellaute: ie, uo, yö, au, ou, eu, iu, äy, ey, öy, ai, ei, oi, ui, yi, äi und öi.

ai	**Aino**, **laina**	wie „ei“ in „T**ei**ch“
ei	**seinä**, **reikä**	wie „ej“ im engl. „**ei**ght“
eu	**seura**, **reuna**	nicht wie „oi“, sondern e + u
ie	**tie**, **pieni**	kein langes „i“, sondern i + e

Vokalharmonie

Eine weitere Besonderheit des Finnischen ist die Vokalharmonie. Sie sorft u. a. dafür, dass sich die Selbstlaute sämtlicher Nachsilben an die Selbstlaute des Wortstammes anpassen. Damit es hier nicht zu kompliziert wird, reicht es, Folgendes zu wissen:

Ist im Wortstamm ein a, o oder u enthalten, können in Nachsilben und Endungen ebenso nur diese dunklen Selbstlaute vorkommen.

talo		Haus
talo-ssa	*Haus-in*	im Haus
tori		Markt
tori-lla	*Markt-auf*	auf dem Markt
tulla		kommen
tulet-ko	*kommst-?*	kommst du?
puhua		reden
puhu-vat	*reden-sie*	(sie) reden

Durch die 15 Fälle ist das Finnische sehr reich an Nachsilben und Endungen. Vielleicht bringt die Vokalharmonie da etwas Erleichterung in die Wortbildung.

Stehen im Wortstamm ausschließlich helle Selbstlaute, enthalten die Endungen dagegen die Selbstlaute ä, ö oder y.

lehti		Blatt
lehde-ssä	*Blatt-in*	im Blatt
me		wir
mei-llä	*wir-bei*	bei uns
lähteä		gehen
lähte-nyt		gegangen
leikkiä		spielen
leikki-vät	*spielen-sie*	(sie) spielen

Stufenwechsel

Unter Stufenwechsel versteht man die Veränderungen im Wortstamm, die bei der Beugung bei den Mitlauten k, p, t und deren Verbindungen mit anderen Buchstaben vorkommen. Folgende Veränderungen treten auf:

	starke >	schwache Stufe	
	Nominativ	**Genitiv**	***(wenn Beispiel ein Hauptwort)***
	1. doppelter Mitlaut wird vereinfacht		
kk > k	**kukka**	**kukan**	Blume
pp > p	**lappu**	**lapun**	Zettel
tt > t	**katto**	**katon**	Dach
	2. k entfällt ganz		
k > –	**lika**	**lian**	Schmutz
	3. aus lke, rke, hke werden lje, rje, hje		
lke > lje	**kulkea**	**kuljen**	gehen – gehe
rke > rje	**särkeä**	**särjen**	zerbrechen – zerbreche
hke > hje	**puhkeaa**	**puhjeta**	platzt – platzen
	4. aus uku, yky werden uvu, yvy		
uku > uvu	**puku**	**puvun**	Kleid
yky > yvy	**kyky**	**kyvyn**	Fähigkeit
	5. aus p wird v, und aus t wird d		
p > v	**lupa**	**luvan**	Erlaubnis
t > d	**katu**	**kadun**	Straße

6. aus lt, nt, rt werden ll, nn, rr		
kulta	**kullan**	Gold
ranta	**rannan**	Strand
parta	**parran**	Bart

lt > ll
nt > nn
rt > rr

7. aus nk wird ng, und aus mp wird mm		
kenkä	**kengän**	Schuh
kampa	**kamman**	Kamm

nk > ng
mp > mm

Café in einem Zentrum für karelische Kultur

Hier einige Beispiele des Stufenwechsels bei der Beugung von Hauptwörtern. Die mit * gekennzeichneten Reihen kennzeichnen die starke Stufe.

Beugung in der Einzahl

	Blume	Straße	Fehler	Strand
N	kukka	katu	vika	ranta*
G	kukan	kadun	vian	rannan
P	kukkaa	katua	vikaa	rantaa*
In	kukassa	kadussa	viassa	rannassa
El	kukasta	kadusta	viasta	rannasta
Il	kukkaan	katuun	vikaan	rantaan*
Ad	kukalla	kadulla	vialla	rannalla
Abl	kukalta	kadulta	vialta	rannalta
Al	kukalle	kadulle	vialle	rannalle
E	kukkana	katuna	vikana	rantana*
T	kukaksi	kaduksi	viaksi	rannaksi

Beugung in der Mehrzahl

N	kukat	kadut	viat	rannat
G	kukkien	katujen	vikojen	rantojen*
P	kukkia	katuja	vikoja	rantoja*
In	kukissa	kaduissa	vioissa	rannoissa
El	kukista	kaduista	vioista	rannoista
Il	kukkiin	katuihin	vikoihin	rantoihin*
Ad	kukilla	kaduilla	vioilla	rannoilla
Abl	kukilta	kaduilta	vioilta	rannoilta
Al	kukille	kaduille	vioille	rannoille
E	kukkina	katuina	vikoina	rantoina*
T	kukiksi	kaduiksi	vioiksi	rannoiksi

Wortstellung

Die grundsätzliche Stellung der Wörter im Satz ist:

Satzgegenstand (Subjekt)	-aussage (Prädikat)	-ergänzung (Objekt)
Liisa	**juo**	**maitoa.**
Liisa	trinkt	Milch.
Kun minä	**menen**	**kotiin ...**
wenn ich	*gehe*	*Haus(e)-nach*
Mitä se	**maksaa?**	
was es	*kostet*	
Missä se	**on?**	
wo es	*ist*	
Eilen Liisa	**meni**	**Helsinkiin.**
gestern Liisa	*ging*	*Helsinki-nach*

Diese Wortstellung bleibt auch im Nebensatz oder in einer Frage erhalten, meistens auch nach Orts- und Zeitbestimmungen.

Besteht ein Tätigkeitswort aus mehreren Teilen oder sind mehrere Tätigkeitswörter vorhanden, bleiben sie möglichst dicht zusammen. Sie werden also nicht wie im Deutschen an das Satzende gestellt.

Die persönlichen Fürwörter der 1. und 2. Person in der Funktion des Satzgegenstands minä (ich), sinä (du), me (wir), te (ihr) können entfallen.

Tahdon vaihtaa rahaa.
will wechseln Geld-Part.
Ich will Geld wechseln.

Olen ollut täällä.
bin gewesen hier
Ich bin hier gewesen.

Artikel & Grammatisches Geschlecht

Es gibt im Finnischen weder bestimmte noch unbestimmte Artikel.

Artikel

So kann beispielsweise tyttö „ein Mädchen", „das Mädchen" oder einfach nur „Mädchen" heißen.

tyttö	ein / das Mädchen
poika	ein / der Junge

Will man jedoch betonen, dass es nur ein/e/er von vielen oder jemand bestimmtes ist, benützt man das Zahlwort yksi (eins) oder das Fürwort eräs (ein gewisser Jemand, ein mir Bekannter).

Yksi mies sanoi ... Ein Mann sagte ...

Eräs rouva soitti. Eine gewisse Frau rief an.

grammatisches Geschlecht

Das Finnische kennt ebenfalls kein grammatisches Geschlecht. Eigenschafts- und Fürwörter bleiben vor Hauptwörtern deshalb unverändert.

kaunis tyttö schönes Mädchen

kaunis nainen schöne Frau

tämä talo
dieses Haus

tämä linna
diese Burg

Es geht selten aus der Form eines Hauptwortes hervor, ob es sich auf eine weibliche oder eine männliche Person bezieht.

tuttava	ein Bekannter, eine Bekannte
opettaja	ein Lehrer, eine Lehrerin

Mit der Endung -tar / -tär kann man zeigen, dass man eine weibliche Person meint. Diese Endung wird vor allem bei Berufen benutzt.

laulaja/tar
Sänger/in

myyjä/tär
Verkäufer/in

© TA

Wandererhütte im hohen Norden

Hauptwörter

Zur Einzahl des Hauptwortes gibt es nicht viel zu sagen (abgesehen von der Beugung, aber das kommt später). Die Mehrzahl des Hauptwortes wird im Nominativ und Akkusativ durch Anhängen von -t gebildet:

talo	Haus	**talot**	Häuser
raha	Geld	**rahat**	Gelder

Unterscheidet sich der Stamm im Genitiv Einzahl vom Nominativ, wird der Genitivstamm zur Bildung der Mehrzahl genommen:

poika	**pojan**	**pojat**
Junge	des Jungen	die Jungen
tyttö	**tytön**	**tytöt**
Mädchen	des Mädchens	die Mädchen

Bei gebeugten Hauptwörtern ist ein zwischen Stamm und Endung geschobenes -i- das Zeichen für Mehrzahl. Allerdings kann sich dieses -i- auch in bestimmten Positionen in seine Variante -j- verwandeln.

talot	**taloissa**	**talojen**
Häuser	in Häusern	der Häuser

Beugung

Die Beugung ist bestimmt das schwierigste Kapitel im Finnischen. Aber es sind und bleiben nun mal 15 Fälle. Die kann man einfach nicht wegzaubern. Aber nur keine Panik, Sie müssen sie wirklich nicht alle beherrschen, um in diesem Lande zurechtzukommen. Einige Fälle sind allerdings wichtig, z. B. der Genitiv, und zwar auch, weil man seine Form benötigt, um weitere Formen (Mehrzahl, Steigerung) bilden zu können. Auch die Fälle, die die deutschen Verhältniswörter ersetzen, sollten Sie sich vielleicht ein paar Mal anschauen.

Zur Erinnerung: Gebeugt werden nicht nur die Hauptwörter, sondern auch:

1. Hauptwörter	**lasi** Glas	**Liisa** Name
2. Eigenschaftswörter	**kaunis** schön	**hyvä** gut
3. Fürwörter	**minä** ich	**kuka?** wer?
4. Zahlwörter	**viisi** fünf	**kuudes** sechste(r)

Beugung der Hauptwörter

Es wäre ein Leichtes, könnte man die Beugungsendungen der 15 Fälle direkt an die Grundform eines Wortes setzen. Leider ist es nicht so. Vielmehr muss man erst einmal den

Wortstamm suchen, denn mit diesem Stamm werden die meisten Fälle und auch die Mehrzahl gebildet. Der eigentliche Wortstamm geht aus der Genitivform hervor, z. B.:

Die Abkürzungen der Fallbezeichnungen finden Sie auch in der Übersicht über die 15 Fälle.

	Haus	schön
Nominativ (N)	**talo**	**kaunis**
Genitiv (G)	**talo-n**	**kaunii-n**
Wortstamm	**talo-**	**kaunii-**
Plural (N)	**talo-t**	**kaunii-t**
Fall (*hier:* In)	**talo-ssa**	**kaunii-ssa**

Manche Wörter haben jedoch zwei Stämme, von denen einer auf einen Selbstlaut und der andere auf einen Mitlaut endet:

groß	**suure-(n)** (G Ez.)	**suur-(ten)** (G Mz.)

Manchmal ist die Beugung unregelmäßig:

Mann	**mies** (N)	**miehe-n** (G)	**mies-tä** (P)

Zusätzliche Veränderungen im Wortstamm verursacht der Stufenwechsel der Mitlaute. Die Mehrheit der Beugungsformen ist in Ein- und Mehrzahl schwachstufig. Die starke Stufe zeigt dagegen zumeist der Partitiv, Illativ und Essiv in Ein- und Mehrzahl, der Genitiv Mehrzahl und natürlich der Nominativ Einzahl (d. h., die Grundform).

Es gibt allerdings einige Ausnahmen. So ist das Wort hammas *„Zahn" in seiner Grundform schwachstufig* (-mm-), *aber im Genitiv Einzahl* hampaan *starkstufig* (-mp-), *also genau anders herum.*

N	Stamm	In Mz.	G Mz.
talo	**talo-**	**talo-i-ssa**	**talo-j-en**
kukka	**kuka-**	**kuk-i-ssa**	**kukk-i-en**

Beispiele für die Beugung von Hauptwörtern

*Die * kennzeichnen die starke Stufe.*

N Ez.*	G Ez.	P Ez.*	G Mz.*	
talo	talo-n	talo-a	taloj-en	*Haus*
raha	raha-n	raha-a	rahoj-en	*Geld*
poika	poja-n	poika-a	poiki-en	*Junge*
tyttö	tytö-n	tyttö-ä	tyttöj-en	*Mädchen*
hotelli	hotelli-n	hotelli-a	hotelli-en	*Hotel*
katu	kadu-n	katu-a	katuj-en	*Straße*
nimi	nime-n	nime-ä	nimi-en	*Name*
lapsi	lapse-n	las-ta	last-en	*Kind*
huone	huonee-n	huone-tta	huonei-den	*Zimmer*
kirja	kirja-n	kirja-a	kirjoj-en	*Buch*
olut	olue-n	olut-ta	olui-den	*Bier*
markka	marka-n	markka-a	markkoj-en	*Mark*
metsä	metsä-n	metsä-ä	metsi-en	*Wald*
marja	marja-n	marja-a	marjoj-en	*Beere*
kenkä	kengä-n	kenkä-ä	kenki-en	*Schuh*
jalka	jala-n	jalka-a	jalkoj-en	*Fuß*
käsi	käde-n	kät-tä	käsi-en	*Hand*
yö	yö-n	yö-tä	öi-den	*Nacht*
kahvi	kahvi-n	kahvi-a	kahvi-en	*Kaffee*
puu	puu-n	puu-ta	pui-den	*Baum, Holz*
päivä	päivä-n	päivä-ä	päivi-en	*Tag*
auto	auto-n	auto-a	autoj-en	*Auto*
maa	maa-n	maa-ta	mai-den	*Land*
pöytä	pöydä-n	pöytä-ä	pöyti-en	*Tisch*
juna	juna-n	juna-a	juni-en	*Zug*
kukka	kuka-n	kukka-a	kukki-en	*Blume*
ystävä	ystävä-n	ystävä-ä	ystävi-en	*Freund*
järvi	järve-n	järve-ä	järvi-en	*See*
kauppa	kaupa-n	kauppa-a	kauppoj-en	*Geschäft*

Die 15 Fälle

Fall	Bedeutung	Wort-für-Wort Übersetzung	Endung Einzahl	Endung Mehrzahl
Nominativ (N)	Grundform Wer-Fall	Nom.	–	**-t**
Genitiv (G)	Zugehörigkeit	Gen.	**-n** **-en**, **-ten**	**-den**, **-tten**
Akkusativ (A)	Objekt Wen-Fall	Akk.	**-n**, **-t**	**-t**
Partitiv (P)	Teilobjekt, unbestimmte Menge	Part.	**-a**, **-ä**, **-ta**, **-tä**	**-a**, **-ä**, **-ta**, **-tä**
Inessiv (In)	im (Raum) wo?	in	**-ssa**, **-ssä**	**-ssa**, **-ssä**
Elativ (El)	aus (dem Raum) von wo?, wo heraus?	aus	**-sta**, **-stä**	**-sta**, **-stä**
Illativ (I)	in (den Raum) wohin? wo hinein?	nach	**-n**, **-seen**	**-hin**, **-siin**, **-n**

Frage?		Antwort	
mikä?	was?	**talo**	Haus
		talot	Häuser
		tämä	dieser
		nämä	diese
minkä?	was?	**talon**	des Hauses
kenen?	wessen?	**talojen**	der Häuser
		tämän	des, diesen
		minun	mein
minkä?	was?	**otan ...**	ich nehme ...
kenet?	wen?	**... talon**	... Haus
Vollobjekt		**... talot**	... Häuser
		... tämän	... diesen
		... sinut	... dich
mitä?	was?	**juon ...**	ich trinke ...
ketä?	wovon?	**... kahvia**	... Kaffee
Teilobjekt	wen?	**... maitoa**	... Milch
		... tätä	... diesen / davon
		... sinua	... dich
missä?	wo?	**talossa**	im Haus
		taloissa	in Häusern
		Helsingissä	in Helsinki
		tässä	in diesem
mistä?	von wo?	**talosta**	aus dem Haus
kenestä?	woraus?	**taloista**	aus Häusern
	von wem?	**paperista**	aus Papier
		sinusta	von dir
		tästä	von diesem
		näistä	von diesen
mihin?	wohin?	**taloon**	in das Haus
		taloihin	in die Häuser
		Turkuun	nach Turku
		tähän	in diesen
		näihin	in diese

Fall	Bedeutung	Wort-für-Wort Übersetzung	Endung Einzahl	Endung Mehrzahl
Adessiv (Ad)	auf etwas drauf worauf? womit? bei wem?	auf, bei	-lla, -llä	-lla, -llä
Ablativ (Abl)	von etwas herab von wo? von wem?	von	-lta, -ltä	-lta, -ltä
Allativ (Al)	auf etwas hinauf wohin? wo hinauf? zu wem? wem?	zu	-lle	-lle
Essiv (E)	Zustand als etwas	als	-na, -nä	-na, -nä
Translativ	Zustands-veränderung	Trans.	-ksi	-ksi
Abessiv	Mangel, ohne etwas	–	-tta, -ttä	-tta, -ttä
Komitativ	Dazugehörigkeit	–	-ine	-ine
Instruktiv	Art und Weise	–	-n	-n

Die letzten drei Fälle kommen in diesem Kauderwelsch-Band nicht vor!

Frage?		Antwort	
millä?	worauf?	**pöydällä**	auf dem Tisch
	womit?	**junalla**	mit dem Zug
kenellä?	bei wem?	**meillä**	bei uns
		täällä	hier
		näillä	mit / bei diesen
miltä?	von wo?	**pöydältä**	vom Tisch
keneltä?	von wem?	**Juvalta**	von Juva
		minulta	von mir
		täältä	von hier
		näiltä	von diesen
minne?	wohin?	**pöydälle**	auf den Tisch
kenelle?	für wen?	**Juvalle**	nach Juva
	zu wem?	**minulle**	mir, für mich
mille?	auf / zu	**tänne**	hierher
	welchen?	**näille**	auf diesen
minä?	als was?	**sairaana**	als krank
		lapsena	als Kind
		tänä	als dieser
		näinä	als diese
miksi?	wie / was	**muuttuu ...**	ändert sich ...
	wird es?	... **kauniiksi**	... schön
	auf was?	... **hyväksi**	... gut
		... **saksaksi**	... auf Deutsch
		... **suomeksi**	... auf Finnisch
mitä ilman?	ohne was?	**rahatta**	ohne Geld
		taloitta	ohne Häuser
	mit was?	**taloineen**	mit ihren Häusern
miten?	wie?	**paljain**	barfuß

Wann welche Fälle?

Im Folgenden erfahren Sie anhand von Beispielen, wann welche Fallendungen angehängt werden müssen.

Nominativ (–, -t)

hyvä hotelli
gutes Hotel

pienet kadut
kleine Straßen

Genitiv (-n, -den, -en, -ten, -tten)

pojan nimi
Name der Jungen

lasten huone
Kinderzimmer

Pirjon kuppi
Pirjos Tasse

Akkusativ (-n, -t)

Eine Satzergänzung (Objekt) steht im Akkusativ, wenn es dabei um ein Ganzes geht, und zwar nur in positiven Sätzen. Die Endung der Einzahl ist die gleiche wie im Genitiv, die der Mehrzahl die gleiche wie im Nominativ. Ausnahme: Persönliche Fürwörter und das Fragewort kuka (wer?) bekommen die Endung -t.

Ostan tämän kirjan ja nämä lasit.
Kaufe dieses Buch und diese Gläser!

Kenet sinä näet?
Wen siehst du?

Tahdon sinut.
Ich will dich.

Partitiv (-a, -ä, -ta, -tä, -tta, -ttä)

Eine Satzergänzung steht im Partitiv ...
a) wenn es um einen Teil einer Menge geht

Minä juon olutta.
Ich trinke Bier.
(aber nicht alles Bier dieser Welt!)

b) in verneinten Sätzen

Minulla ei ole huonetta.
ich-bei (es-)nicht sein Zimmer-Part.
Ich habe kein Zimmer.

c) nach Zahlen, außer bei der Zahl 1

viisi markkaa
fünf Mark

d) bei Verben der Gefühlsempfindungen

Minä rakastan sinua.
Ich liebe dich.

Minä vihaan sinua.
Ich hasse dich.

Inessiv (-ssa, -ssä)

a) Aufenthalt in einem „geschlossenen" Raum (wo?)

Asun Helsingissä.
ich-wohne Helsinki-in
Ich wohne in Helsinki.

Metsässä on marjoja.
Wald-in ist Beeren-Part.
Im Wald sind Beeren.

Die Bezeichnung „geschlossener Raum" sollte man nicht zu wörtlich nehmen. Gemeint sind vielmehr Örtlichkeiten mit einer (mehr oder weniger) klaren Begrenzung. Ein „offener Raum" ist dagegen ein eher allgemeines Areal.

b) bei direkter Berührung von Körperteilen

Minulla on kengät jalassa.
ich-bei ist Schuhe Fuß-in
Ich habe Schuhe an.

käsi kädessä
Hand Hand-in
Hand in Hand

c) bei Zeitangaben

yhdessä yössä
eine-in Nacht-in
in einer Nacht.

Elativ (-sta, -stä)

a) aus einem „geschlossenen“ Raum heraus (von wo?)

Minä tulen Saksasta.
ich komme Deutschland-aus
Ich komme aus Deutschland.

b) bei Meinung, Ursache, Material

Minusta se on kaunis.
ich-aus es ist schön
Ich finde es schön.

Kiitoksia kahvista.
Dank-Part. Kaffee-aus
Danke für den Kaffee.

c) bei den Tätigkeitswörtern pitää (mögen) und tykätä (gern haben)

Minä pidän sinusta.
ich mag du-aus
Ich mag dich.

Minä tykkään Karista.
ich gern-habe Kari-aus
Ich habe Kari gern.

Illativ (-n, -seen, -hin, -siin)

In einen „geschlossenen“ Raum hinein (wohin?). Ein Selbstlaut vor -n verdoppelt sich dabei. Bei kurzen Wörtern mit Doppelselbstlaut wird ein -h dazwischen geschoben.

talo	**taloon**	**puu**	**puuhun**
Haus	ins Haus	Baum	in den Baum

Mihin menet?
wo-nach du-gehst
Wohin gehst du?

Menen Helsinkiin.
ich-gehe Helsinki-nach
Ich gehe nach Helsinki.

Adessiv (-lla, -llä)

Eine Satzergänzung steht im Adessiv, wenn folgende Bedingungen erfüllt werden:
a) (oben) auf etwas, in der Nähe von etwas

Kirja on pöydällä.
Buch ist Tisch-auf
Das Buch ist auf dem Tisch.

Asun aivan lähellä.
ich-wohne ganz Nähe-auf
Ich wohne ganz in der Nähe.

b) bei Zeitangaben

aamulla	**päivällä**	**kesällä**
Morgen-auf	*Tag-auf*	*Sommer-auf*
am Morgen	am Tag	im Sommer

c) mit einem Instrument, z. B. Verkehrsmittel

Tulen autolla.
ich-komme Auto-auf
Ich komme mit dem Auto.

Tule pyörällä.
komm Fahrrad-auf
Komm mit dem Fahrrad.

Diese wird im Finnischen mit dem Tätigkeitswort „sein“ gebildet, wobei die Person, die etwas hat bzw. besitzt, im Adessiv steht. Satzgegenstand ist dann die „besessene“ Sache. Wörtlich heißt es dann also: „auf / bei mir ist Hunger“.

d) in der Konstruktion für „haben“

Minulla on nälkä.
ich-bei ist Hunger
Ich habe Hunger.

Kenellä on jano?
wer-bei ist Durst
Wer hat Durst?

Ablativ (-lta, -ltä)

a) Bewegung von einem „offenen“ Raum oder von einer Fläche weg (von wo?)

Tulen maalta.
(ich-)komme Land-von
Ich komme vom Land.

Otan kirjan pöydältä.
ich-nehme Buch Tisch-von
Ich nehme das Buch vom Tisch.

b) etwas von jemandem bekommen

Sain kirjeen Tuulalta.
ich-bekam Brief-Akk. Tuula-von
Ich bekam einen Brief von Tuula.

c) bei Zeitangaben

Bussi lähtee kolmelta.
Bus abfährt drei-von
Der Bus fährt um drei Uhr.

Se alkaa kahdelta.
es anfängt zwei-von
Es fängt um zwei Uhr an.

Allativ (-lle)

a) auf einen Zielort hin

Juna saapuu tälle laiturille.
Zug ankommt diese-zu Bahnsteig-zu
Der Zug kommt zu diesem Bahnsteig.

b) zu einer Person, für jemanden
(d. h., entsprechend dem deutschen Dativ)

Vien kukkia Leenalle.
(ich-)bringe Blumen Leena-zu
Ich bringe Blumen für Leena.

Tämä on sinulle.
dieser ist du-zu
Dieser ist für dich.

minulle	mir	**meille**	uns
sinulle	dir	**teille**	euch
hänelle	ihm / ihr	**heille**	ihr

Essiv (-na, -nä)

a) Zustand; als etwas sein

Oletko vielä sairaana?
bist-? noch krank-als
Bist du noch krank?

Olen täällä opettajana.
bin hier Lehrer-als
Ich bin hier als Lehrer.

b) bei Wochentagen und Festen

Lähden Saksaan maanantaina.
(ich-)abfahre Deutschland-nach Montag-als
Ich fahre am Montag nach Deutschland.

Jouluna olin matkoilla.
Weihnachten-als (ich-)war Reisen-auf
Zu Weihnachten war ich auf Reisen.

Translativ (-ksi)

a) Veränderung eines Zustands

Tulin sairaaksi.
wurde krank-Trans.
Ich wurde krank.

b) bei Sprachen

Mitä tämä on suomeksi?
was dieser ist Finnisch-Trans.
Was heißt das auf Finnisch?

Se on saksaksi.
das ist Deutsch-Trans.
Das ist in Deutsch.

c) bei Zeitangaben und folgenden Ausdrücken

Kesäksi menen työhön.
Sommer-Trans. gehe Arbeit-nach
Den (ganzen) Sommer werde ich arbeiten.

Onneksi olkoon!
Glück-Trans. es-sei
Herzlichen Glückwunsch!

Anna anteeksi!
gib Verzeihung-Trans.
Verzeih mir!

onneksi
zum Glück

Anteeksi!
Entschuldigung!

Abessiv (-tta, -ttä) – *ohne etwas, Mangel*

Die letzten drei Fälle sind für den Sprachgebrauch nicht wichtig und werden in diesem Buch nicht gebraucht.

Tein sen luvatta.
(ich-)tat es-Akk. Erlaubnis-ohne
Ich machte es ohne Erlaubnis.

Komitativ (-ine) + besitzanzeigende Endung

in Begleitung von jemandem / etwas

He tulivat kippoineen ja kappoineen.
sie kamen Becher-mit und Eimer-mit
Sie kamen mit Kind und Kegel.

Instruktiv (-n) – *Art und Weise, wie*

Näin sen omin silmin.
(ich-)sah es eigene-mit Augen-mit
Ich sah es mit eigenen Augen.

Persönliche Fürwörter

Auch persönliche Fürwörter werden gebeugt. Übrigens heißt hän sowohl „er" als auch „sie". Man kann also nicht sagen „sie ging und er kam" (hän tuli ja hän meni). Die Höflichkeitsform „Sie" wird mit der zweiten Person Mehrzahl Te (ihr) gebildet.

Im Satz kann man minä, sinä, me, te weglassen. Die umgangssprachlichen Formen *mä*, *sä* werden jedoch gerne gebraucht. Die Fürwörter der 3. Person müssen auf jeden Fall stehen.

minä	ich	**me**	wir
sinä	du	**te**	ihr
		Te	Sie
hän	er, sie, es	**he**	sie *(Mz.)*

In der Umgangssprache haben die persönlichen Fürwörter eigene Formen bzw. werden in der 3. Person durch andere Fürwörter ersetzt.

minä	*mä*
sinä	*sä*
hän	*oft ersetzt durch* se (das, es)
he	*oft ersetzt durch* ne (die, jene)

die wichtigsten Beugungsformen und Bedeutung

N	**minä**	*mä*	ich
G	**minun**	*mun*	mein
A	**minut**	*mut*	mich *(Vollobjekt)*
P	**minua**	*mua*	mich *(Teilobjekt)*
In	**minussa**	*mussa*	in mir
El	**minusta**	*musta*	von mir
Ad	**minulla**	*mulla*	bei mir (ich habe)
Abl	**minulta**	*multa*	von mir
Al	**minulle**	*mulle*	zu mir, für mich, mir

N	**sinä**	*sä*	du
G	**sinun**	*sun*	dein
A	**sinut**	*sut*	dich *(Vollobjekt)*
P	**sinua**	*sua*	dich *(Teilobjekt)*
In	**sinussa**	*sussa*	in dir
El	**sinusta**	*susta*	von dir
Ad	**sinulla**	*sulla*	bei dir (du hast)
Abl	**sinulta**	*sulta*	von dir
Al	**sinulle**	*sulle*	zu dir (für dich, dir)

	er / sie	wir	ihr / Sie	sie
N	**hän**	**me**	**te**	**he**
G	**hänen**	**meidän**	**teidän**	**heidän**
A	**hänet**	**meidät**	**teidät**	**heidät**
P	**häntä**	**meitä**	**teitä**	**heitä**
In	**hänessä**	**meissä**	**teissä**	**heissä**
El	**hänestä**	**meistä**	**teistä**	**heistä**
Ad	**hänellä**	**meillä**	**teillä**	**heillä**
Abl	**häneltä**	**meiltä**	**teiltä**	**heiltä**
Al	**hänelle**	**meille**	**teille**	**heille**

© TA

Mökki (Sommerhaus)

Besitzanzeigende Fürwörter

Die Angabe des Besitzers einer Sache besteht aus dem besitzanzeigenden Fürwort und der besitzanzeigenden Nachsilbe. Will man sehr stark hervorheben, dass einem etwas gehört, benutzt man beide zusammen:

Will man den Besitzer nicht besonders betonen, reicht die Nachsilbe allein aus.

Se on minun kirjani.
das ist mein Buch-mein
Das ist mein Buch.

kirjani
Buch-mein
mein Buch

Am häufigsten hört man jedoch die (in der Schriftsprache grammatikalisch nicht korrekte) Form minun kirja (mein Buch).

minun ...-ni	mein	*mun*
sinun ...-si	dein	*sun*
hänen ...-nsa / -nsä	sein, ihr	*sen* (dessen)
meidän ...-me	unser	
teidän ...-nne	euer, Ihr	
heidän ...-nsa / -nsä	ihr	*niiden* (deren)

Die besitzanzeigenden Fürwörter sind immer unveränderlich. Sie bekommen auch in der Mehrzahl keine Endung.

Tämä on minun.
dieses ist mein

Onko se sinun?
ist-? es dein

meidän talossa
unser Haus-in
in unserem Haus

sinun autolla
dein Auto-auf
mit deinem Auto

Dies & das, hier & dort

Die hinweisenden Fürwörter werden ebenfalls gebeugt.

tämä	diese / -r / -s, jene / -r / -s	**nämä**	diese, jene
tuo	der / die / das da	**nuo**	die da
se	das, es	**ne**	die, jene

Bei der Beugung dieser Fürwörter entstehen folgende Ausdrücke:

Die passenden Fragen dazu lauten:

tässä, **täällä**	hier	**missä?** *(wo?)*
tuossa, **tuolla**	da, dort	
siinä, **siellä**	da, dort	
tästä, **täältä**	von hier	**mistä?** *(von wo?)*
tuosta, **tuolta**	von da, von dort	
siitä, **sieltä**	von da, von dort	
tähän, **tänne**	hierhin, hierher	**minne?** *(wohin?)*
tuohon, **tuonne**	dahin, dorthin	
siihen, **sinne**	dahin, dorthin	

Die Formen tässä, tästä, tähän usw. werden immer dann benutzt, wenn es um einen „geschlossenen" (d. h. begrenzten) Raum oder um die unmittelbare Nähe geht.

Tässä on kirja.	Hier (bei mir) ist ein Buch.
Täällä on kylmä.	Hier (überall) ist es kalt.
Tuossa on ...	Da (ganz nahe) ist ...
Tuolla on ...	Da (weiter weg) ist ...

Tätigkeitswörter & Zeiten

Für den täglichen Gebrauch sind die Verbformen der Gegenwart und der einfachen Vergangenheit die wichtigsten. Sie reichen völlig aus, um sich verständlich zu machen.

Gegenwart & Vergangenheit

Besonderheiten: 3. Person Einzahl (hän): Der letzte Selbstlaut wird verdoppelt (nur in der Gegenwart). 3 Person Mehrzahl (he): Die Endung kann auch vokalharmonisch -vät (Gegenwart)bzw. -ivät (Vergangenheit) lauten.

Hier die Beugung am Beispiel puhua (sprechen). Die Grundform-Endung -a wird durch die Personalendungen ersetzt (hier durch Bindestriche vom Stamm getrennt dargestellt).

	Gegenwart	Vergangenheit
minä	puhu-n	puhu-in
sinä	puhu-t	puhu-it
hän	puhu-u	puhu-i
me	puhu-mme	puhu-imme
te	puhu-tte	puhu-itte
Te	puhu-tte	puhu-itte
he	puhu-vat	puhu-ivat

Die Endung der 1. Person Mehrzahl Gegenwart (-mme) wird in der Umgangssprache oft durch die Endung der Passivform ersetzt:

Beachten Sie hier die Vokalharmonie!

Passiv-Endung:	*-taan / -tään*
nach -r, -n, -l:	*-raan / -rään, naan / -nään, -laan / -lään*

me puhutaan
wir sprechen

me mennään
wir gehen

Nicht alle Tätigkeitswörter werden regelmäßig gebeugt . Der Stufenwechsel bringt einige Veränderungen mit sich. Außerdem haben einige Tätigkeitswörter auch zwei Stämme (Selbstlaut- und Mitlautstamm).

	tahtoa (wollen)	**ottaa** (nehmen)
minä	**tahdon**	**otan**
sinä	**tahdot**	**otat**
hän	**tahtoo**	**ottaa**
me	**tahdomme**	**otamme**
te	**tahdotte**	**otatte**
he	**tahtovat**	**ottavat**

Hier zwei Beispiele für den Stufenwechsel bei der Beugung. Die 1. und 2. Person Ein- und Mehrzahl unterscheidet sich hierbei von der 3. Person Ein- und Mehrzahl sowie der Grundform.

Zukunft

Das Finnische kennt keine eigene Zukunftsform. Um auszudrücken, dass etwas in der Zukunft passiert, benutzt man die Form der Gegenwart und eine Zeitangabe:

menen huomenna
Ich gehe morgen.

Auch mit tulla + Hauptverb kann man die Zukunft ausdrücken. Diese Konstruktion wird jedoch selten verwendet.

Tulen joskus kirjoittamaan kirjan.
ich-komme irgendwann schreiben-Inf.-nach Buch-Akk.
Ich werde irgendwann ein Buch schreiben.

wichtige Tätigkeitswörter

	Grundform	Gegenw. „ich“	Vergang. „ich“	Partizip der Vergang.
sein	olla	ole-n	oli-n	ollut
anrufen	soittaa	soita-n	soiti-n	soittanut
sagen	sanoa	sano-n	sanoi-n	sanonut
kaufen	ostaa	osta-n	osti-n	ostanut
sehen	nähdä	näe-n	näi-n	nähnyt
trinken	juoda	juo-n	joi-n	juonut
lieben	rakastaa	rakastan	rakasti-n	rakastanut
hassen	vihata	vihaa-n	vihasi-n	vihannut
wohnen	asua	asu-n	asui-n	asunut
kommen	tulla	tule-n	tuli-n	tullut
mögen	pitää	pidä-n	pidi-n	pitänyt
gern haben	tykätä	tykkää-n	tykkäsi-n	tykännyt
gehen	mennä	mene-n	meni-n	mennyt
nehmen	ottaa	ota-n	oti-n	ottanut
bekommen, dürfen	saada	saa-n	sai-n	saanut
gehen, abfahren	lähteä	lähde-n	lähdi-n	lähtenyt
beginnen	alkaa	ala-n	aloi-n	alkanut
ankommen	saapua	saavu-n	saavui-n	saapunut
bringen	viedä	vie-n	vei-n	vienyt
machen	tehdä	tee-n	tei-n	tehnyt
sprechen	puhua	puhu-n	puhui-n	puhunut
drücken	työntää	työnnä-n	työnsi-n	työntänyt
ziehen	vetää	vedä-n	vedi-n	vetänyt
wollen	tahtoa	tahdo-n	tahdoi-n	tahtonut
wollen	haluta	halua-n	halusi-n	halunnut
können	voida	voi-n	voi-n	voinut
singen	laulaa	laula-n	lauloi-n	laulanut
hören	kuulla	kuule-n	kuuli-n	kuullut
warten	odottaa	odota-n	odoti-n	odottanut

Mit den Formen in dieser Liste können Sie alle Zeitformen von Tätigkeitswörtern bilden. Hier am Beispiel olla (sein) gezeigt:

Verbstamm	**ole!**	*sei!*
Verbstamm + Endung Gegenw.	**ole-n**	*(ich) bin*
Verneinung + Verbstamm	**en ole**	*(ich) bin nicht*
Verbstamm + Endung Vergang.	**oli-n**	*(ich) war*
Verneinung + Partizip Vergang.	**en ollut**	*(ich) war nicht*
Hilfsverb + Partizip Vergang.	**olen ollut**	*(ich) bin gewesen*
Hilfsverb + Partizip Vergang.	**olin ollut**	*(ich) war gewesen*

© TA

Imbiss mit Kultstatus in Kuopio

Verneinung

Die Verneinung wird in der Gegenwart mit ei und dem Stamm des Tätigkeitswortes gebildet. Im Finnischen ist das Verneinungselement ein Tätigkeitswort (Hilfsverb) und wird somit wie ein normales Tätigkeitswort personengebeugt. Das bedeutungstragende Verb bleibt dann bei allen Personen unverändert.

Das bedeutungstragende Tätigkeitswort hat die Form der 1. Person Einzahl („ich“) ohne die Endung -n.

	sano-n	**ich sage**
minä en	**sano**	ich sage nicht
sinä et	**sano**	du sagst nicht
hän ei	**sano**	er / sie sagt nicht
me emme	**sano**	wir sagen nicht
te ette	**sano**	ihr sagt nicht
he eivät	**sano**	sie sagen nicht

Die persönlichen Fürwörter können entfallen.

	ole-n	**ich bin**
en	**ole**	ich bin nicht
et	**ole**	du bist nicht
ei	**ole**	er / sie ist nicht
emme	**ole**	wir sind nicht
ette	**ole**	ihr seid nicht
eivät	**ole**	sie sind nicht

Se ei ole totta.
das (es-)nicht sein wahr
Das ist nicht wahr.

Me emme tule.
wir (wir-)nicht kommen
Wir kommen nicht.

Mä en oo ...
ich (ich-)nicht sein ...
Ich bin nicht...

En.
(ich-)nicht
Nein.

Emme.
(wir-)nicht
Nein.

Befehlsform

Die Befehlsform von ei lautet:

Ez.	**älä!**	Mz.	**älkää!**

Älä tule!
(du-)nicht! kommen
Komm nicht!

Älkää tulko!
(ihr-)nicht! kommen-Mz.
Kommt nicht!

Älä mene!
(du-)nicht! gehen
Geh nicht!

Älkää menkö!
(ihr-)nicht! gehen-Mz.
Geht nicht!

In der verneinten Befehlsform tritt das bedeutungstragende Verb in einer besonderen Form auf -ko / -kö *auf.*

Vergangenheit

Das Verneinungsverb ei hat allerdings keine eigene Zeitform für die Vergangenheit. In der einfachen Vergangenheit bildet man die Verneinung mit ei und dem Partizip der Vergangenheit des bedeutungstragenden Verbs.

Minä en sanonut.
ich (ich-)nicht gesagt
Ich sagte nicht.

Sinä et kysynyt.
du (du-)nicht gefragt
Du fragtest nicht.

Partizip der Vergangenheit

Das Partizip der Vergangenheit besteht aus:

Ez. Verbstamm	+ **-nut, -nyt**	= **sano-nut**
Mz. Verbstamm	+ **-neet**	= **sano-neet**

Nach -l, -r, -s passt sich das -n dem vorangegangenen Mitlaut an, also -lut, -leet usw.

Minä en ollut.
ich (ich-)nicht gewesen
Ich war nicht.

Te ette tulleet.
ihr (ihr-)nicht gekommene
Ihr kamt nicht.

Fragen

Ein Fragesatz wird mit der gleichen Wortstellung wie im Deutschen gebildet: Satzaussage (Prädikat) + Satzgegenstand (Subjekt).

Entscheidungsfragen

Auf Entscheidungsfragen kann man nur mit „ja“ oder „nein“ antworten. Die Fragepartikel -ko / -kö wird normalerweise an die Satzaussage (aber auch an andere Wörter) angehängt.

In der Wort-für-Wort-Übersetzung wird die Fragepartikel durch ein Fragezeichen wiedergegeben.

olenko?	bin ich?
oletko?	bist du?
onko	ist er / sie?
olemmeko?	sind wir?
oletteko?	seid ihr?
ovatko?	sind sie?

In verneinten Fragen wird die Fragepartikel an das Verneinungsverb ei angehängt.

enkö ole?	bin ich nicht?
etkö ole?	bist du nicht?
eikö ole?	ist er / sie nicht?
emmekö ole?	sind wir nicht?
ettekö ole?	seid ihr nicht?
eivätkö ole?	sind sie nicht?

In der Umgangssprache entfällt die Endung oft ganz oder wird zu -k verkürzt.

Tuletko sinä mukaan?	**Saako täällä polttaa?**
Tuuk sä mukaan?	*Saaks täällä polttaa?*
kommst-? du mit	*darf-? hier rauchen*
Kommst du mit?	Darf man hier rauchen?

Oletko sinä saksalainen?	**Poltatko sinä?**
Oot sä saksalainen?	*Poltak sä?*
bist-? du Deutsche/-r	*rauchst-? du*
Bist du Deutsche/-r?	Rauchst du?

Frage:	Antworten:	
Oletko?	**Olen.**	Ich bin.
bist-?	**En.**	Nein. *(ich nicht)*
Bist du?	*Joo.*	Ja.

Ergänzungsfragen

Ergänzungsfragen werden mit konkreten Fragewörtern gebildet. Man antwortet mit einem vollständigen Satz. In Fragen mit Fragewörtern kommt die Fragepartikel -ko / -kö nicht vor.

mitä?	was?	**kenen?**	wessen?
mikä?	was?	**kenelle?**	wem?
missä?	wo?	**kuinka?**	wie?
mistä?	von wo?	**koska?**	wann?
mihin?	wohin?	**milloin?**	wann?
mitkä?	welche?	**millainen?**	was für ein?
kuka?	wer?	**paljonko?**	wie viel?
kenet?	wen?	**kuinka paljon**	wie viel?

Auffordern & Befehlen

Die Befehlsform in der Einzahl ist identisch mit dem Verbstamm der 1. Person („ich“).

tulla	kommen	**olla**	sein
tule-n	(ich) komme	**ole-n**	(ich) bin
tule!	komm!	**ole!**	sei!
älä tule!	komm nicht!	**älä ole!**	sei nicht!

Ole hiljaa! Sei still!

Tule tänne! Komm hierher!

Työnnä! / Vedä! Drücke! / Zieh!

Die Endung der Mehrzahl lautet -kaa / -kää, die allerdings diesmal an den Verbstamm der Grundform (Infinitiv) angehängt wird.

tul-la	kommen	**ol-la**	sein
tulkaa!	kommt!	**olkaa!**	seid!
älkää tulko!	kommt nicht!	**älkää olko!**	seid nicht!

Zur Aufforderung, etwas zu tun, verwendet man in der Umgangssprache gern das Passiv.

Lähdetään nyt!
gehen-Pass. jetzt
Lass uns jetzt gehen!

Tehdään niin!
machen-Pass. so
Lass uns das so machen!

Soitellaan!
telefonieren-Pass.
Lass uns voneinander hören!

Sein & Haben

Für das Tätigkeitswörter „haben“ gibt es im Finnischen kein eigenes Tätigkeitswort.

sein (olla)

Schrift-sprache	Umgangs-sprache	einfache Vergangenheit	
minä olen	*mä oon*	**olin**	*ich bin / war*
sinä olet	*sä oot*	**olit**	*du bist / warst*
hän on	*hän on*	**oli**	*er / sie ist / war*
me olemme	*me ollaan*	**olimme**	*wir sind / waren*
te olette	*te ootte*	**olitte**	*ihr seid / wart*
Te olette	*Te ootte*	**olitte**	*Sie sind / waren*
he ovat	*ne on*	**olivat**	*sie sind / waren*

Olen tullut.
(ich-) bin gekommen
Ich bin gekommen.

Olemme nähneet.
(wir-)sind gesehene
Wir haben gesehen.

Olla *(sein) dient als Hilfsverb bei allen Tätigkeitswörtern!*

haben

Für „haben“ gibt es, wie schon erwähnt, kein eigenes Tätigkeitswort. „Haben / besitzen“ wird mit der 3. Person Einzahl von olla (also on) sowie der Adessivform des persönlichen Fürwortes gebildet.

minulla on
ich-bei ist
ich habe („bei mir ist“)

	Schriftsprache	Umgangssprache	einfache Vergangenheit
ich habe / hatte	**minulla on**	*mulla on*	**minulla oli**
du hast / hattest	**sinulla on**	*sulla on*	**sinulla oli**
er / sie hat / hatte	**hänellä on**	*sillä on*	**hänellä oli**
wir haben / hatten	**meillä on**		**meillä oli**
ihr habt / hattet	**teillä on**		**teillä oli**
Sie haben / hatten	**Teillä on**		**Teillä oli**
sie haben / hatten	**heillä on**	*niillä on*	**heillä oli**

Bei Ausdrücken wie „Hunger / Durst haben" und ähnlichen Empfindungen steht, anders als man es vielleicht erwartet, kein Partitiv, und zwar auch nicht in verneinten Sätzen.

Mulla on nälkä.
Ich habe Hunger.

Onko sulla jano?
Hast du Durst?

Meillä on kylmä.
wir-bei ist kalt
Uns ist kalt.

Oliko teillä kivaa?
(es-)war-? ihr-bei Spaß-Part.
Hattet ihr Spaß?

Verneinen von „haben"

Minulla ei ole nälkä.
ich-bei (er-)nicht sein Hunger
Ich habe keinen Hunger.

Mulla ei oo rahaa.
ich-bei (es-)nicht sein Geld-Part.
Ich habe kein Geld.

Sinulla ei ole huonetta.
du-bei (es-)nicht sein Zimmer-Part.
Du hast kein Zimmer.

Sulla ei oo ystävää.
du-bei (er-)nicht sein Freund-Part.
Du hast keinen Freund.

Verneinte Fragen mit „haben"

Eikö Teillä ole maitoa?
(sie-)nicht-? Sie-bei sein Milch-Part.
Haben Sie keine Milch?

Eiks kellään oo aikaa?
(sie-)nicht jemand-bei sein Zeit-Part.
Hat niemand Zeit?

Eikö sinulla ole autoa?
(es-)nicht-? du-bei sein Auto-Part.
Hast du kein Auto?

Eiks sulla oo kuuma?
(es-)nicht du-bei sein heiß
Ist dir nicht heiß?

es gibt / es passt

Die Formulierungen „es gibt“ und „es passt“ werden wie folgt konstruiert:

on (es gibt) / **ei ole** (es gibt nicht) + Inessiv / Adessiv (**-ssa** / **-ssä**, **-lla** / **-llä**)

Suomessa on paljon järviä.
Finnland-in ist viel Seen-Part.
In Finnland gibt es viele Seen.

Onko täällä kauppaa.
ist-? hier Geschäft-Part.
Gibt es hier ein Geschäft?

sopii (es passt) / **ei sovi** (es passt nicht) + Allativ (**-lle**)

Se sopii minulle mainiosti.
Das passt mir ausgezeichnet.

Sopiiko sinulle huomenna?
Passt es dir morgen?

Aber auch:

Sovitaan niin!
passen-Pass. so
So machen wir das!

Selvä, sovittu!
Klar, abgemacht!

Modalverben

Die Modalverben werden wie im Deutschen mit dem gewünschten Tätigkeitswort in seiner Grundform kombiniert.

wollen (tahtoa, haluta)

Die Verben für „wollen" (tahtoa, haluta) klingen im Finnischen recht bestimmend. Daher wird oft die sanftere Konditional-Form benutzt.

statt **tahtoa**	wird **tahtoisi** benutzt
statt **haluta**	wird **haluaisi** benutzt

Tahtoisin tavata sinut.
(ich-)würde-wollen treffen dich
Ich möchte dich treffen.

Haluaisin mennä tanssimaan.
(ich-)würde-wollen gehen tanzen-Inf.-nach
Ich möchte zum Tanzen gehen.

können (voida)

Voinko auttaa?
(ich-)kann-? helfen
Kann ich helfen?

Voit odottaa täällä.
(du-)kannst warten hier
Du kannst hier warten.

Voisitko auttaa?
(du-)könntest-? helfen
Könntest du helfen?

Voisin tulla huomenna.
(ich-)könnte kommen morgen
Ich könnte morgen kommen.

Voin hyvin.
(ich-)fühle gut(Umst.)
Mir geht es gut.

Voin huonosti.
(ich-)fühle schlecht(Umst.)
Mir geht es schlecht.

Merken Sie sich auch diese Floskeln.

dürfen (saada)

Saanko soittaa sinulle?
(ich-)darf-? anrufen du-zu
Darf ich dich anrufen?

Täällä ei saa polttaa.
hier (es-)nicht dürfen rauchen
Hier darf man nicht rauchen.

Saada *hat auch die Bedeutung „bekommen".*

Saan kukkia.
(ich-)bekomme Blumen-Part.
Ich bekomme Blumen.

Saanko luvan?
(ich-)bekomme-? Erlaubnis-Akk.
Darf ich bitten? *(zum Tanz)*

müssen, sollen (täytyy, pitää)

Die Tätigkeitswörter täytyy und pitää bleiben für alle Personen unverändert. Der sinngemäße Satzgegenstand steht dabei im Genitiv.

minun	**pitää** / **täytyy**	ich muss
sinun	**pitää** / **täytyy**	du musst
hänen	**pitää** / **täytyy**	er / sie muss
meidän	**pitää** / **täytyy**	wir müssen
teidän	**pitää** / **täytyy**	ihr müsst
heidän	**pitää** / **täytyy**	sie müssen

Sinun pitää sanoa se.
dein (es-)muss sagen dieses
Du musst es sagen.

Minun täytyy mennä nyt.
mein (es-)muss gehen jetzt
Ich muss jetzt gehen.

Sinun pitäisi tulla.
dein (du-)solltest kommen
Du solltest kommen.

Sinun täytyisi tehdä se.
dein (es-)müsste tun dieses
Du müsstest das machen.

Pitää heißt auch „mögen“. In diesem Fall wird das Tätigkeitswort allerdings ganz normal gebeugt.

Minä pidän sinusta.
ich mag du-aus
Ich mag dich.

minä pidän – minun pitää
ich mag – ich muss
ich mag – ich muss

müssen (olla pakko)

Diese Konstruktion ist im täglichen Sprachgebrauch sehr üblich. Damit betont man die Dringlichkeit, etwas tun zu müssen. Hinsichtlich der Satzkonstruktion und der Beugung verhält es sich wie pitää.

Minun on pakko tavata sinut.
mein ist Zwang treffen dich
Ich muss dich unbedingt treffen.

Onko sinun pakko mennä nyt?
ist-? dein Zwang gehen jetzt
Musst du wirklich jetzt gehen?

Eigenschaftswörter

Eigenschaftswörter haben im Nominativ Einzahl keine spezielle Endung.

kaunis maa	**kaunis maisema**
schönes Land	schöne Landschaft

In allen anderen Fällen machen die Eigenschaftswörter die Beugung der Hauptwörter mit.

nuoret tytöt	**uuden auton**
junge Mädchen	des neuen Wagens
pienessä kaupungissa	**vieraalla maalla**
klein-in Stadt-in	*fremd-auf Land-auf*
in der kleinen Stadt	auf fremdem Land

Steht das Eigenschaftswort am Ende eines Satzes als Ergänzung des Hilfsverbs „sein“, bleibt es in der Einzahl unverändert. In der Mehrzahl steht es hingegen im Partitiv.

Sinä olet viisas.	**Me olemme myös viisaita.**
Du bist klug.	*wir sind auch kluge-Part.*
	Wir sind auch klug.

Steigern & Vergleichen

Die 1. Steigerungsstufe der Eigenschaftswörter wird in der Einzahl mit der Endung -mpi, in der Mehrzahl mit -mmat / -mmät gebildet. Man benutzt den Genitivstamm.

	Nom.	Genitiv	1. Stufe Ez.	1. Stufe Mz.
schön, schönere/-r	kaunis	kaunii-n	kauniimpi	kauniimmat
teuer, teurere/-r	kallis	kallii-n	kalliimpi	kalliimmat
lieb, liebere/-r	rakas	rakkaa-n	rakkaampi	rakkaammat

Bei den zweisilbigen Eigenschaftswörtern werden die Selbstlaute -a und -ä zu einem -e.

	Nom.	Genitiv	1. Stufe Ez.	1. Stufe Mz.
alt, ältere/-r	vanha	vanha-n	vanhempi	vanhemmat

In der 2. Stufe (Superlativ) lauten die Endungen der Einzahl -in und in der Mehrzahl -immat / -imät. Die Selbstlaute -a, -ä und -e im Stammauslaut entfallen hierbei, und aus -ii wird -e.

	Nom.	Genitiv	2. Stufe Ez.	2. Stufe Mz.
gesündeste/-r	terve	tervee-n	tervein	terveimmät
schönste/-r	kaunis	kaunii-n	kaunein	kauneimmat
jüngste/r	nuori	nuore-n	nuorin	nuorimmat

Unregelmäßig gesteigerte Eigenschaftswörter

hyvä	**parempi**	**paras**
gut	bessere/r	beste/r
pitkä	**pitempi**	**pisin**
lang	längere/r	längste/r

Damit das Lernen nicht zu „einfach“ wird, hier noch ein paar Beispiele, wie ein Eigenschaftswort + Steigerung + Fall aussieht.

pienemmässä autossa
kleiner-in Auto-in
im kleineren Auto

kauneimmista tytöistä
schönste-aus Mädchen(Mz.)-aus
von den schönsten Mädchen

Nun sind Sie wahrscheinlich genug durcheinander. Die obigen Beispiele sind allerdings keine Seltenheit, sondern gehören zum ganz normalen Sprachgebrauch. Aber Sie müssen ja auch nicht jeden Tag Superlative gebrauchen!

vergleichen

kumpi	wer, welcher
kuin	als, wie
yhtä ... kuin	genauso ... wie

Kumpi on parempi?
Wer / welcher ist besser?

Toinen on pienempi kuin toinen.
Einer ist kleiner als ein anderer.

Minä olen yhtä nopea kuin sinä.
Ich bin genauso schnell wie du.

wichtige Eigenschaftswörter

	Nom. Ez.	Gen. Ez.	Part. Ez.	Gen. Mz.
gut	hyvä	hyvä-n	hyvä-ä	hyvi-en
schlecht	huono	huono-n	huono-a	huonoj-en
teuer	kallis	kallii-n	kallis-ta	kallii-den
billig	halpa	halva-n	halpa-a	halpoj-en
klein	pieni	piene-n	pien-tä	pien-ten
groß	suuri	suure-n	suur-ta	suur-ten
groß	iso	iso-n	iso-a	isoj-en
neu	uusi	uude-n	uut-ta	uusi-en
alt	vanha	vanha-n	vanha-a	vanhoj-en
jung	nuori	nuore-n	nuor-ta	nuor-ten
schön	kaunis	kaunii-n	kaunis-ta	kaunii-den
hässlich	ruma	ruma-n	ruma-a	rumi-en
gesund	terve	tervee-n	terve-ttä	tervei-den
krank	sairas	sairaa-n	sairas-ta	sairas-ten
schnell	nopea	nopea-n	nopea-a	nopei-den
langsam	hidas	hitaa-n	hidas-ta	hidas-ten
lang	pitkä	pitkä-n	pitkä-ä	pitki-en
kurz	lyhyt	lyhye-n	lyhyt-tä	lyhyi-tten
lieb	rakas	rakkaa-n	rakas-ta	rakkai-tten
klug	viisas	viisaa-n	viisas-ta	viisas-ten
fremd	vieras	vieraa-n	vieras-ta	vieras-ten
nett, lustig	hauska	hauska-n	hauska-a	hauskoj-en

Umstandswörter

Mit der Endung -sti können Sie aus fast jedem Eigenschaftswort ein Umstandswort machen.

Hän laulaa kauniisti.
Er / sie singt schön.

Puhu hitaasti!
Sprich langsam!

Voin tänään huonosti.
(ich-)fühle heute schlecht(Umst.)
Mir geht es heute schlecht.

Mit Umstandswörtern wird die Art und Weise einer Handlung ausgedrückt.

tavallisesti	gewöhnlich
luultavasti	wahrscheinlich
toivottavasti	hoffentlich
valitettavasti	leider
kiireesti	dringend

Auch Umstandswörter werden gesteigert:

kauniisti	**kauniimmin**	**kauneimmin**
schön	schöner	am schönsten
hyvin	**paremmin**	**parhaiten**
gut	besser	am besten
paljon	**enemmän**	**eniten**
viel	mehr	am meisten
vähän	**vähemmän**	**vähiten**
wenig	weniger	am wenigsten

Nur das erste Beispiel ist regelmäßig gesteigert, die restlichen drei Beispiele sind wichtige Ausnahmen.

Hyvin tehty!
Gut gemacht!

Verhältniswörter

Die meisten deutschen Verhältniswörter (Präpositionen) werden im Finnischen durch Fälle ausgedrückt. Aber ganz ohne ein Verhältniswort kommt auch Finnisch nicht aus.

Ein dem Verhältniswort nachfolgendes Haupt- bzw. Fürwort steht im Partitiv:

ilman maitoa	**ennen sinua**
ohne Milch	vor dir

Geht das Verhältniswort voran, steht das von ihm abhängige Haupt- bzw. Fürwort im Partitiv. Folgt das Verhältniswort, steht das Haupt- bzw. Fürwort im Genitiv.

Folgende Verhältniswörter können voran- oder nachgestelltes Verhältniswörter (Prä- oder Postpositionen) sein:

kohti	gegen
keskellä	mitten, in der Mitte
lähellä	nah, in der Nähe
pitkin	entlang
vastapäätä	gegenüber

Se on lähellä toria.	**Se on torin lähellä.**
das ist nah Markt-Part.	*das ist Markt-Gen. nah*

Das ist in der Nähe vom Markt.

kirkon keskellä	**keskellä kirkkoa**
Kirche-Gen. Mitte-in	*Mitte-in Kirche-Part.*

in der Mitte der Kirche

Das Finnische besitzt allerdings auch etliche stets nachgestellte Verhältniswörter.

aikana	während	**päästä**	nach *(zeitl.)*
alla	unter	**sisällä**	im, innen
edessä	vor	**takana**	hinter
jälkeen	nach	**ulkopuolella**	außerhalb
kanssa	mit	**vieressä**	neben
kautta	über, via	**välissä**	zwischen
luona	bei	**yläpuolella**	oberhalb
ohitse	vorbei	**ympärillä**	um herum
poikki	durch		

Das Haupt- bzw. Fürwort vor diesen Verhältniswörtern steht im Genitiv.

Sen aikana
dieses-Gen. während
währenddessen

minun kanssa
mein mit
mit mir

tunnin päästä
Stunde-Gen. nach
nach einer Stunde

ikkunan vieressä
Fenster-Gen. neben
neben dem Fenster

Und noch ein paar nachgestellte Verhältniswörter, vor denen das Wort im Partitiv steht:

kohtaan	gegen / über
varten	für
vastaan	gegen, entgegen

Tulen sinua vastaan.
(ich-)komme du-Part. entgegen
Ich komme dir entgegen.

sinua varten
du-Part. für
für dich

Onko sinulla mitään sitä vastaan?
ist-? du-bei etwas-Part. das-Part. gegen
Hast du etwas dagegen?

Bindewörter

Der Gebrauch von Bindewörtern unterscheidet sich kaum vom Deutschen.

että	dass	**niin**	so
ja	und	**siis**	also, so
jos	falls	**siksi**	darum
jotta	damit	**sillä**	denn
koska	weil	**tai**	oder
kuin	wie, als	**vaan**	sondern
kun	wenn	**vai**	oder
mutta	aber	**vaikka**	obgleich

Sie können manchmal einen Finnen sagen hören:

Niin, että, että ...
So, dass, dass ...

Den Rest behält er dann so lange für sich oder wiederholt sein että so lange, bis er weiß, was er eigentlich sagen wollte. Es entspricht also dem deutschen „äähm“.

ei ... eikä	weder ... noch
joko ... tai	entweder ... oder
mitä ... sitä	je ... desto
sekä ... että	sowohl ... als auch
miksi ... siksi	warum ... darum
jos ... niin	wenn ... dann

myös	auch
ei myöskään	auch nicht
ellen jollen	falls ich nicht
ellet jollet	falls du nicht *usw.*
etten jotten	dass ich nicht
ettet jottet	dass du nicht *usw.*

Ellen ole sairas ...
(ich-)falls-nicht sein krank ...
Falls ich nicht krank bin ...

Varo, ettet kaadu!
Vorsicht dass-du-nicht fallen
Pass auf, dass du nicht hinfällst!

Hän ei juo eikä polta.
er (er-)nicht trinken (er-)nicht-auch rauchen
Er weder trinkt noch raucht.

joko tänään tai huomenna
entweder heute oder morgen

mitä suurempi sitä parempi
je größer desto besser

sekä naiset että miehet
sowohl Frauen als auch Männer

Zahlen & Zählen

Die Zahlen werden im Finnischen ganz regelmäßig gebildet.

Grundzahlen

0	**nolla**	10	**kymmenen**
1	**yksi**	11	**yksitoista**
2	**kaksi**	12	**kaksitoista**
3	**kolme**	13	**kolmetoista**
4	**neljä**	14	**neljätoista**
5	**viisi**	15	**viisitoista**
6	**kuusi**	16	**kuusitoista**
7	**seitsemän**	17	**seitsemäntoista**
8	**kahdeksan**	18	**kahdeksantoista**
9	**yhdeksän**	19	**yhdeksäntoista**

Der Einer wird immer an den Zehner angehängt.

20	**kaksikymmentä**
21	**kaksikymmentäyksi**
22	**kaksikymmentäkaksi** *usw.*
30	**kolmekymmentä**
40	**neljäkymmentä**
50	**viisikymmentä**
60	**kuusikymmentä**
70	**seitsemänkymmentä**
80	**kahdeksankymmentä**
90	**yhdeksänkymmentä**
100	**sata**
200	**kaksisataa**
1000	**tuhat**
2000	**kaksituhatta**

Nach allen Zahlen außer der Eins steht das Hauptwort im Partitiv Einzahl. Besonders beim Zählen werden die Zahlwörter umgangssprachlich gekürzt, z. B. so:

yks (1), *kaks* (2), *kol* (3), *nel* (4), *viis* (5), *kuus* (6)

25	*kakskytviis*
76	*seitkytkuus*
82	*kahdeksankytkaks*

Bei der Beugung bekommen alle (auch Teil-)Zahlen eine Endung. Eine Ausnahme macht nur der Zahlenbestandteil -toista.

viidellä markalla
fünf-auf Mark-auf
mit fünf Mark

yhdessätoista maassa
elf-in Land-in
in elf Ländern

sadastakahdestakymmenestäkolmesta kuvasta
hundert-aus-zwei-von-zehn-von-drei-aus Bild-aus
von hundertdreiundzwanzig Bildern

Ordnungszahlen

1.	**ensimmäinen**,	5.	**viides**
	(yhdes*), *eka*	6.	**kuudes**
2.	**toinen**,	7.	**seitsemäs**
	(kahdes*), *toka*	8.	**kahdeksas**
3.	**kolmas**	9.	**yhdeksäs**
4.	**neljäs**	10.	**kymmenes**

*In zusammengesetzten Zahlen wird die mit * markierte Form verwendet.*

11.	**yhdestoista**	16.	**kuudestoista**
12.	**kahdestoista**	17.	**seitsemästoista**
13.	**kolmastoista**	18.	**kahdeksastoista**
14.	**neljästoista**	19.	**yhdeksästoista**
15.	**viidestoista**	20.	**kahdeskymmenes**

30.	**kolmaskymmenes**
40.	**neljäskymmenes**
50.	**viideskymmenes**
60.	**kuudeskymmenes**
70.	**seitsemäskymmenes**
80.	**kahdeksaskymmenes**
90.	**yhdeksäskymmenes**
100.	**sadas**

© TA

Wandern in Lappland

Zeit & Datum

Nach der Uhrzeit (kellonaika) fragt man mit dem Wort kello (Uhr).

Die Abkürzung für kello *heißt* klo. *Lassen Sie sich davon nicht irritieren!*

Paljonko kello on?	**Kello on kolme.**
wieviel Uhr ist	*Uhr ist drei*
Wie spät ist es?	Es ist drei Uhr.

Kello on ...	Die Uhr ist ...
... puoli kaksi	... halb zwei
... varttia yli kolme	... viertel nach drei
... viittä vailla neljä	... fünf vor vier
... tasan yksi	... genau eins

Monelta se alkaa?	**Se alkaa viideltä.**
wieviel-von es anfängt	*es anfängt fünf-von*
Wann fängt es an?	Es fängt um fünf an.

kahden tienoilla	**viiden maissa**
zwei-Gen. Gegenden-auf	*fünf-Gen. Länder-in*
gegen zwei Uhr	etwa fünf Uhr

Jahreszeiten

kevät	Frühling	**keväällä**	im Frühling
kesä	Sommer	**kesällä**	im Sommer
syksy	Herbst	**syksyllä**	im Herbst
talvi	Winter	**talvella**	im Winter

vuosi	**ensi vuonna**
Jahr	im nächsten Jahr

Monate

kuu	Mond	**kesäkuu**	Juni
kuukausi	Monat	**heinäkuu**	Juli
tammikuu	Januar	**elokuu**	August
helmikuu	Februar	**syyskuu**	September
maaliskuu	März	**lokakuu**	Oktober
huhtikuu	April	**marraskuu**	November
toukokuu	Mai	**joulukuu**	Dezember

tammikuussa
im Januar

tässä kuussa
in diesem Monat

Wochentage

sunnuntai	Sonntag
maanantai	Montag
tiistai	Dienstag
keskiviikko	Mittwoch
torstai	Donnerstag
perjantai	Freitag
lauantai	Samstag

sunnuntaina
am Sonntag

viime maanantaina
am letzten Montag

allgemeine Zeitangaben

aina	immer	**ei koskaan**	nie
harvoin	selten	**joskus**	manchmal
koskaan	jemals	**pian**	bald
heti	sofort	**nyt**	jetzt
myöhemmin	später	**aikaisemmin**	früher

aamu	Morgen	**aamulla**	am Morgen
päivä	Tag	**päivällä**	am Tag
ilta	Abend	**illalla**	am Abend
yö	Nacht	**yöllä**	in der Nacht

aamuisin	morgens
päivisin	tagsüber
iltaisin	abends
aamupäivä	Vormittag
iltapäivä	Nachmittag
eilen	gestern
huomenna	morgen
tänään	heute
ylihuomenna	übermorgen

Datum

Monesko päivä tänään on?
wievielter Tag heute ist
Der Wievielte ist heute?

Mikä päivämäärä nyt on?
welch Datum jetzt ist
Welches Datum haben wir jetzt?

Tänään on helmikuun viidestoista päivä.
heute ist Februar-Gen. fünfzehnter Tag
Heute ist der fünfzehnte Februar.

Floskeln & Partikeln

In der Hoch- und Umgangssprache gibt es Floskeln, die sehr nützlich sein können, um ein „flüssigeres“ Gespräch führen zu können.

floskelhafte Fürwortformen

millainen	*mimmonen*	was für ein
tällainen	*tämmönen*	so ein, so wie dieser
tuollainen	*tommonen*	solch ein, so wie das da
sellainen	*semmonen*	solch ein, so wie jener

Mimmosen takin sä ostit?
was-für-ein-Akk. Mantel-Akk.-du kauftest
Was für einen Mantel hast du gekauft?

Kato, tämmösen.
guck so-ein-Akk.
Schau, so einen.

Mitä tommonen maksaa?
was so-einer kostet
Was kostet so einer?

kuka tahansa	wer immer, jeder beliebige
mihin tahansa	wohin auch immer
milloin tahansa	wann immer, zu jeder Zeit
mitä tahansa	was immer

Voit ostaa mitä tahansa.
du-kannst kaufen was auch-immer
Du kannst kaufen, was du willst.

Kuka tahansa voi tulla mukaan.
wer auch-immer kann kommen mit
Jeder, der will, kann mitkommen.

Partikeln

Im Finnischen gibt es einige Anhängsel (Partikeln), die an Wörter angehängt werden und jeweils bestimmte Funktionen ausüben. Die Fragepartikel ist bereits bekannt.

-ko / -kö (Fragepartikel)

Diese Partikel signalisiert eine Frage und verlangt nach einer Entscheidung („ja" oder „nein") als Antwort.

Tuletko?
(du-)kommst-?
Kommst du?

Onko?
ist-?
Ist es?

-kin (auch)

Diese Partikel wird an dasjenige Wort angehängt, auf das sich das hervorhebende „auch" bezieht.

Minäkin tulen.
ich-auch komme
Ich komme auch. (= *auch ich*)

-kaan / -kään (auch nicht)

En minäkään mene.
(ich-)nicht ich-auch gehen
Ich gehe auch nicht.

Ei sekään käy.
(es-)nicht das-auch gehen
Das geht auch nicht.

-pa / -pä

Dieses Anhängsel fügt einem Wort einen besonderen Gefühlsausdruck hinzu. Sie gibt dadurch der gesamten Aussage eine vertrauliche Note („doch, aber, mal, schon“).

Sepä on kaunis!
das-aber ist schön
Das ist aber schön!

Mitäpä tiedät?
was-aber (du-)weißt
Na, was gibt es Neues?

-han / -hän

Dieses Anhängsel kann Aussagen abmildern oder ihnen einen verwunderten Beiklang geben. Im Deutschen benutzen wir auch hier „doch, aber, mal, schon“, manchmal ergänzt um eine besondere Intonation.

Tulehan tänne!
komm-doch hierher
Komm mal her!

No sehän on kumma!
na das-doch ist Wunder
Das wundert mich aber!

-s

Dieses Anhängsel verstärkt die familiäre Note, mildert Befehle und Fragen, und steht oft in Kombination mit anderen Anhängseln.

Otas lisää!
nimm-doch mehr
Nimm ruhig mehr!

Kuinkas menee?
wie-denn (es-)geht
Wie geht's denn?

Abkürzungen

Die folgenden Abkürzungen werden im Finnischen sehr häufig benutzt.

alv.	**arvonlisävero**	Mehrwertsteuer
dl	**desilitra**	Deziliter
em.	**edellä mainittu**	oben genannte
esim.	**esimerkiksi**	zum Beispiel
huom.	**huomaa**	beachte
hv.	**hevosvoimaa**	Pferdestärke
hlö.	**henkilö**	Person
jne.	**ja niin edelleen**	und so weiter
klo	**kello**	Uhr
kpl	**kappale**	Stück
o.s.	**omaa sukua**	geborene
Oy	**osakeyhtiö**	Aktiengesellschaft
ovh.	**ohjevähittäishinta**	Richtpreis
puh.	**puhelin**	Telefon
vrk	**vuorokausi**	24 Stunden

© TA

Tunturi-Landschaft im Norden

Mini-Knigge

Die Finnen sind bei all ihrer Zwanglosigkeit ein ruhiges und zurückhaltendes Volk. Zu **lautes Verhalten** kann Ablehnung hervorrufen. Das gilt sowohl für den Aufenthalt in der Natur als auch z. B. in Restaurants. Schon zu lautes Lachen kann den Anschein erwecken, man hätte genug bzw. einen über den Durst getrunken und man bekommt eventuell eine Aufforderung, zur Abkühlung an die frische Luft (jäähyille) zu gehen.

Finnen haben sehr großen Respekt vor dem **Eigentum** anderer. Bei Missachtung reagieren sie sehr empfindlich. Leider haben sich in der Vergangenheit Vorfälle ereignet, für die ein Finne kein Verständnis aufbringen kann. Um weiteren Missverständnissen vorzubeugen, hier ein paar Tipps:

Der Aufenthalt auf Grundstücken von Sommerhäusern, auch wenn diese gerade leer sind, und auch, wenn da kein Schild „yksityisalue" (Privatgrundstück) hängt, wird nicht gerne gesehen. Auch das Benutzen von Angeln, Booten usw., die einem nicht gehören, ist nicht im Sinne des Besitzers.

Auch wenn die Fische in Nachbars Reusen und Netzen noch so viel größer und fetter sind als die in Ihrem eigenen Netz, lassen Sie sie lieber dort. Es sind halt nicht Ihre.

Wenn Sie ein unverschlossenes Fahrrad sehen, bedeutet das nicht, dass es herrenlos ist.

Nacktbaden Das Nacktbaden ist nur an den dafür vorgesehenen Stränden (übrigens getrennt nach Männlein und Weiblein) erlaubt. Auch „oben ohne“ ist noch nicht sehr üblich. An den vielen einsamen Stränden können Sie natürlich baden, wie Sie wollen.

Schütze die Natur! Suojele luontoa! (Schütze die Natur!). Denn auch wenn es die in Finnland in Hülle und Fülle gibt, freut sich keiner über die Abfälle oder sonstige Schäden des Vorgängers.

Beeren & Pilze sammeln Sie dürfen überall in den Wäldern Beeren und Pilze sammeln, außer wenn es durch Hinweis ausdrücklich verboten ist. Beispielsweise ist es in einigen Gebieten Lapplands verboten, lakka (Moltebeeren) zu sammeln.

Zelten Ihr Zelt dürfen Sie ebenfalls überall aufschlagen, solange eben niemand dadurch gestört wird.

So, das soll nun nicht heißen, dass Ihr Aufenthalt in Finnland nur von Regeln und Verboten bestimmt sein soll. Meine Hinweise sollen vielmehr eine kleine Hilfe für ein angenehmes und erfreuliches Miteinander-Leben sein.

Anrede

In Finnland ist das Duzen weitaus üblicher als in Deutschland. Dazu braucht man keinen Brüderschaftstrunk, ebensowenig ist es ein Zeichen von dicker Freundschaft. Auch in Geschäften und bei den Behörden ist Duzen üblich. Sobald jemand Sie duzt, erwartet er das Gleiche von Ihnen. Bei älteren Leuten und Respektspersonen ist es allerdings besser, wenn Sie warten, bis man Ihnen das „du“ anbietet.

Dagegen ist es nicht üblich, Personen mit Namen anzureden. Wenn schon, dann mit Vornamen.

Terve, Leena!
Grüß dich, Leena!

Hei, Liisa!
Hallo, Liisa!

Bei formellen Begrüßungen und festlichen Anlässen wird von der Anrede mit herra (Herr) und rouva (Frau) Gebrauch gemacht.

Hyvää päivää, rouva Jokinen!
Guten Tag, Frau Jokinen!

Tervetuloa, herra Virtanen!
Willkommen, Herr Virtanen!

Mit einem Smartphone können Sie sich die mit einem gekennzeichneten Sätze dieses Kapitels anhören. Scannen Sie einfach den QR-Code mit Hilfe einer kostenlosen App (z. B. „Barcoo“ oder „Scanlife“).

Begrüßen & Verabschieden

Umarmungen oder Wangenküsschen, wie man sie von den Begrüßungen in südlichen Ländern kennt, sind der finnischen Mentalität fremd. Auch Händeschütteln gehört nicht mehr zum täglichen Leben. Wenn man sich längere Zeit nicht gesehen hat, reicht man sich allerdings schon noch die Hand.

Hyvää huomenta!	Guten Morgen!
Hyvää päivää!	Guten Tag!
Hyvää iltaa!	Guten Abend!
Hyvää yötä!	Gute Nacht!

Die folgenden Ausrufe heißen alle in etwa „Grüß dich!“ oder „Hallo!“

Terve!	*gesund*
Terve, terve!	*gesund gesund*
Hei!	
No hei!	
Moi!	

Mitä kuuluu?	**Kiitos, hyvää / huonoa.**
was-Part. ist-zu-hören	*danke gut-Part. / schlecht-P.*
Wie geht's?	Danke, gut / schlecht.

Kuinka voit?	**Kiitos, hyvin / huonosti.**
wie (du-)fühlst	*danke gut-Umst. / schlecht-U.*
Wie geht es dir?	Danke, gut / schlecht.

Kuinka voitte?
wie (ihr-)fühlt
Wie geht es Ihnen?

Kuis menee?
wie (es-)geht
Wie geht's?

No, meneehän se.
na geht-doch es
Na, es geht.

Tavataan taas!
treffen-Pass. wieder
Bis bald!

Näkemiin!
Auf Wiedersehen!

Hei, hei! / **Heipä hei!**
Tschüss!

Ferienhaus mit fließend Wasser

Danken & Bitten

In der Regel können Sie sich für alles mit kiitos (danke) bedanken. Bekommen Sie etwas angeboten, so heißt die Antwort:

Kyllä kiitos!	**Ei kiitos!**	**Kiitos, mielelläni!**
ja danke	*nein danke*	*danke gerne-mein*
Ja, bitte!	Nein, danke!	Danke, gerne!

In vielen Ausdrücken verwendet man jedoch die Partitiv-Mehrzahl-Form von kiitos, also kiitoksia, plus Allativ-Form -lle für die Person, bei der man sich bedankt, plus Elativ-Form -sta / -stä für die Sache, wofür man sich bedankt.

Kiitoksia sinulle!	Danke dir!
Kiitoksia Teille!	Danke Ihnen!
Kiitoksia kahvista!	Danke für den Kaffee!
Kiitoksia seurasta!	Danke für die Gesellschaft!
Kiitoksia avusta!	Danke für die Hilfe!
Paljon kiitoksia!	Vielen Dank!

Umgangssprachliche Floskeln des Dankes sind *Kiitti!*, *Kiitti, kiitti!* oder *Kiitti vain!*

Wenn sich jemand bei Ihnen bedankt, so lauten die möglichen Antworten:

Eipä kestä!	*Eipä mitään!*
(es-)nicht-doch halten	*(es-)nicht-doch etwas-Part.*
Keine Ursache!	Nichts zu danken!

Ole hyvä!
sei gut
Bitte! *(beim Duzen)*

Olkaa hyvä!
seid gut
Bitte! *(beim Siezen)*

Wenn Sie jemanden bitten, etwas zu tun:

Ole hyvä, anna minulle ...
sei gut gib ich-zu ...
Bitte gib mir ...

Olkaa hyvä, puhukaa hitaammin!
seid gut sprecht langsamer(Umst.)
Bitte, sprechen Sie langsamer!

Wenn man nach dem Weg fragt, formuliert man das so:

Anteeksi, voitko sanoa ...?
Entschuldigung (du-)kannst-? sagen ...
Bitte, kannst du mir sagen ...?

Wenn man etwas nicht verstanden hat:

Anteeksi, kuinka?
Entschuldigung wie
Wie bitte?

Das erste Gespräch

Mit einem Smartphone können Sie sich die mit einem gekennzeichneten Sätze dieses Kapitels anhören.

Ein erstes Gespräch könnte etwa wie folgt verlaufen.

Terve, terve!
gesund gesund
Hallo, grüß dich!

Terve!
gesund
Grüß dich!

Mikä sinun nimesi on?
Mikä sun nimes on?
was dein Name-dein ist
Wie heißt du?

Minä olen ...
Mä oon ...
ich bin ...
Ich heiße ...

Puhutko sinä ...? *Puhut sä ...*	*sprichst-? du*	Sprichst du ...
... suomea	*Finnisch-Part.*	Finnisch
... saksaa	*Deutsch-Part.*	Deutsch
... englantia	*Englisch-Part.*	Englisch

Vain vähän.
Nur wenig.

Ymmärrätkö sinä?
Ymmärrät sä?
verstehst-? du
Verstehst du?

En ymmärrä.
(ich-)nicht verstehen
Ich verstehe nicht.

Mistä sinä tulet?
Mistä sä tuut?
wo-von du kommst
Woher kommst du?

Tulen Hampurista.
ich-komme Hamburg-aus
Ich komme aus Hamburg.

Missä sinä asut? **Asun hotellissa.**

Missä sä asut?

wo du wohnst *(ich-)wohne Hotel-in*

Wo wohnst du? Ich wohne im Hotel.

Mihin sinä menet? **Menen maalle / Turkuun.**

Mihin sä meet?

wo-nach du gehst *(ich-)gehe Land-zu / Turku-nach*

Wohin gehst du? Ich fahre aufs Land / nach Turku.

Oletko sinä ...?	Bist du ...?
Oot sä ...?	
... saksalainen	Deutsche/r
... sveitsiläinen	Schweizer/in
... itävaltalainen	Österreicher/in
... ulkolainen	Ausländer/in

Als Nächstes könnte man bereits aufgefordert werden mitzukommen, um sich näher kennen zu lernen.

Tuletko sinä ...?	*kommst-? du*	Kommst du ...?
Tuut sä ...?		
... kahville	*Kaffee-zu*	zum Kaffee
... oluelle	*Bier-zu*	zum Bier
... meille	*wir-zu*	zu uns
... tanssimaan	*tanzen-Inf.-nach*	zum Tanzen
... mukaan	*mit*	mit

Miksipä ei.

warum-doch (es-)nicht

Warum nicht.

Kuinka kauan olet ...?
Kuin kauan sä oot ...?
wie lange bist ...
Wie lange bist du ...?

Suomessa	*Finnland-in*	in Finnland
lomalla	*Urlaub-auf*	auf Urlaub
täällä	*hier*	hier

Olen täällä pari päivää.
(ich-)bin hier paar Tage-Part.
Ich bin ein paar Tage hier.

Mennäänkö ...?
gehen-Pass.-? ...
Gehen wir ...?

Mennään vain!
gehen-Pass. nur
Ja, lass uns gehen!

syömään	*essen-Inf.-nach*	zum Essen
juomaan	*trinken-Inf.-nach*	zum Trinken
uimaan	*schwimmen-Inf.-n.*	zum Schwimmen

Koska tavataan taas?
wann treffen-Pass. wieder
Wann sehen wir uns wieder?

Nähdään huomenna.
sehen-Pass. morgen
Wir sehen uns morgen.

Tehdäänkö treffit?
machen-Pass.-? treffen-Mz.
Treffen wir uns wieder?

Ei mua huvita.
(es-)nicht mich-Part. vergnügen
Ich habe keine Lust.

Sprüche klopfen

Die folgenden Sprüche sind zwar nicht „lebenswichtig“, aber gerade die kleinen Sätze können behilflich sein, ein richtiges „Schwätzchen“ zu führen.

Ai kun kiva!	Ach wie nett!
Se on aivan ihana!	Das ist herrlich!
Musta se on ihan tylsä. *ich-aus es ist ganz stumpf*	Ich finde es ganz doof.
Mun mielestäni ei. *mein Meinung-aus-mein (es-)nicht*	Ich finde nicht.
Se on ihan hirveä.	Das ist ganz furchtbar.
Olen eri mieltä. *bin andere Meinung-Part.*	Ich bin anderer Meinung.
Ihanko totta? *ganz-? wahr*	Wirklich wahr?
Se on totta.	Das ist wahr.
Ei voi olla totta! *es-nicht können sein wahr*	Das kann nicht wahr sein!
Eikö totta? *(es-)nicht-? wahr*	Nicht wahr?
No tottakai!	Na, natürlich!
Tietenkin! *gewiss-doch*	Natürlich!
Ei tietenkään! *(es-)nicht gewiss-doch*	Natürlich nicht!
No ilman muuta! *na ohne anderes-Part.*	Na, ist doch klar.

Sprüche klopfen

No sanos muuta! *na sag-mal anderes-Part.*	Du sagst es!
Oletko varma? *(du-)bist-? sicher*	Bist du sicher?
En ole ihan varma. *(ich-)nicht bin ganz sicher*	Ich bin mir nicht ganz sicher.
Luulen niin. *(ich-)glaube so*	Ich glaube schon.
Tuletko varmasti? *(du-)kommst-? sicher-U.*	Kommst du bestimmt?
Ihan varmasti. *ganz sicher-Umst.*	Ganz bestimmt.
Pitää paikkansa. *(es-)hält Stelle-sein*	Das stimmt.
Ei pidä paikkaansa. *(es-)nicht halten Stelle-Part.-sein*	Das stimmt nicht.
Olet oikeassa. *(du-)bist Recht-in*	Du hast Recht.
Olet väärässä. *(du-)bist Unrecht-in*	Du bist im Unrecht.
Mikä hätänä? *was Not-als*	Was ist los?
Ei mikään.	Nichts.
Onko mahdollista? *(es-)ist-? möglich-Part.*	Ist das möglich?
Voi olla.	Kann sein.
Onko noin? *(es-)ist-? so*	Ist es so?
Näin on, niin on. *so (es-)ist so (es-)ist*	So ist es.
Niinkö?	Ach so ist es?
Eikö niin? *(es-)nicht-? so*	Nicht wahr?

No niin. *na so*	So, so.
Juuri niin. *genau so*	So ist das.
Sille ei voi mitään. *das-zu (es-)nicht können etwas-Part.*	Da kann man nichts machen.
Entäs sitten!/? *und-doch dann*	Na und! / Was darf's noch sein?
Onpas! – Eipäs! *(es-)ist-aber-doch – (es-)nicht-aber-doch*	Ist doch! – Ist nicht!
Miksipä ei!	Warum auch nicht!
Hetkinen vain! *Momentchen nur*	Einen Moment noch!
Kuule! *Hör!*	Hör mal zu!
Katos! Kato, kato! *guck-mal*	Guck, guck!
Mitä se *mulle* **kuuluu?** *was es ich-zu ist-zu-hören*	Was geht das mich an?
Oot sä huonolla tuulella? *bist du schlecht-auf Laune-auf*	Hast du schlechte Laune?
hyvällä tuulella *gut-auf Laune-auf*	gut gelaunt, gut aufgelegt
Mä en oo vireessä. *ich (ich-)nicht sein Form-in*	Ich bin nicht in Form.

Jos ei heilaa helluntaina, niin ei koko kesänä!
wenn (er-)nicht Schatz-Part. Pfingsten-als so (er-)nicht ganz Sommer-als
Hast du zu Pfingsten keinen Schatz, bleibst du ohne den ganzen Sommer!

Zum Schluss noch ein finnisches Sprichwort.

Unterwegs

Mit Bus, Zug oder dem eigenen Auto kommen Sie in Finnland gut vorwärts.

in der Stadt / in Helsinki

Helsinki besitzt zwar ein Stückchen U-Bahn (metro), aber mit Straßenbahn (raitiovaunu / *ratikka*) und Bus (bussi) kommen Sie weiter. Außer für die metro gibt es keine Fahrkartenautomaten. Bezahlen können Sie beim Fahrer oder Schaffner. Die billigeren Zehnerblocks gibt es im Kiosk am Busbahnhof zu kaufen. Zusätzlich gibt es noch Touristenkarten, die 24 Stunden gültig sind.

Die Straßenbahnlinien 3B und 3T (gleiche Strecke, nur umgekehrte Richtung) haben im Sommer außerhalb der Stoßzeiten Tonbandansagen zu den wichtigsten Sehenswürdigkeiten auf dieser Route (auch in Deutsch).

Zu den vielen kleinen Inseln vor der Küste verkehren ständig kleine Boote oder Schiffe.

Suomenlinna	eine Inselfestung
Korkeasaari	Zoo
Seurasaari	Volkspark mit Badestrand
Pihlajasaari	schöne Badestrände

Mikä *ratikka* menee Kauppatorille?
welche Straßenbahn geht Kauppatori-zu
Welche Straßenbahn fährt nach Kauppatori?

Straßenbahn- & Busnummern

1	**ykkönen**	6	**kuutonen**
2	**kakkonen**	7	**seiska**
3	**kolmonen**	8	**kasi**
4	**nelonen**	9	**ysi**
5	**viitonen**	10	**kymppi**

Kolmonen.
Die Nummer 3.

Mistä lähtee bussi Tapiolaan?
wo-aus abfährt Bus Tapiola-nach
Von wo fährt der Bus nach Tapiola?

Mistä voin ostaa lipun Korkeasaaren laivaan?
wo-aus (ich-)kann kaufen Karte Korkeasaari-Gen. Boot-nach
Wo kann ich eine Karte für das Boot nach Korkeasaari kaufen?

Millä *ratikalla* **pääsen Linnanmäelle?**
was-auf Straßenbahn-auf gelange Linnanmäki-zu
Mit welcher Straßenbahn komme ich zum Linnanmäki?

Linnanmäki *ist ein Vergnügungspark.*

In Helsinki und in den Städten an der Küste, in denen auch Schwedisch als Muttersprache gesprochen wird, finden Sie die Straßenschilder in beiden Sprachen. Das kann Ihnen schon mal weiterhelfen. So heißt „Bahnhof" beispielsweise auf Finnisch asema, aber auf Schwedisch hat er die vertrautere Bezeichnung station.

Im Folgenden eine Liste der wichtigsten Ziele in der Stadt.

wichtige Ziele

apteekki	Apotheke
ulos	Ausgang
uimaranta	Badestrand
pankki	Bank
virasto	Behörde
kirjasto	Bibliothek
toimisto	Büro
linja-autoasema	Busbahnhof
sisään	Eingang
kirkonkylä	Kirchdorf
kirkko	Kirche
tori	Markt
museo	Museum
puisto	Park
poliisi	Polizei
posti	Post
ravintola	Restaurant
koulu	Schule
katu	Straße *(in der Stadt)*
WC	Toilette
yliopisto	Universität
tie	Weg, Straße

Schilder

vapaa	frei
varattu	besetzt
vedä	ziehen
työnnä	drücken
suljettu	geschlossen
avoinna	geöffnet

mit Bus & Zug

Finnland ist ein großes Land und dünn besiedelt. Die Züge bedienen mehr die größeren Städte im Süden, aber mit dem Bus kommen Sie bis in das kleinste Dorf. Sowohl die Züge als auch die Überlandbusse sind modern und sehr bequem, so dass auch eine weite Reise nicht zur Strapaze wird. In den Bussen fährt immer eine Stewardess-Kassiererin mit. Bei ihr können Sie Erfrischungen und Zeitschriften kaufen. Sie kündigt auch an, wo und wie lange unterwegs gehalten wird.

Missä on linja-autoasema / rautatieasema?
wo ist Linienauto-Station / Eisenbahn-Station
Wo ist der Busbahnhof / Bahnhof?

Mistä voin ostaa matkalipun?
wo-aus (ich-)kann kaufen Fahrkarte-Akk.
Wo kann ich eine Fahrkarte kaufen?

Tahtoisin lipun Lahteen.
ich-würde-wollen Karte-Akk. Lahti-nach
Ich möchte eine Karte nach Lahti.

Tupakoiville vai tupakoimattomille?
Rauchender-Mz.-zu oder Nichtrauchender-Mz.-zu
Für Raucher oder für Nichtraucher?

Miltä laiturilta lähtee juna ...?
was-von Gleis-von abfährt Zug ...
Von welchem Bahnsteig fährt der Zug ...?

Miltä pysäkiltä lähtee linja-auto ...?
was-von Haltestelle-von abfährt Linienauto ...
Von welchem Bussteig fährt der Linienbus ...?

Milloin lähtee juna Mikkeliin?
wann abfährt Zug Mikkeli-nach
Wann fährt ein Zug nach Mikkeli?

Täytyykö minun vaihtaa?
(es-)muss-? mein wechseln
Muss ich umsteigen?

juna	Zug
henkilöjuna	Personenzug
pikajuna	Schnellzug
erikoispikajuna	Sonderschnellzug
bussi	Bus
linja-auto	Linienbus
pikalinja	Schnellbus
laituri	Bahnsteig, Bussteig
raide	Gleis
pysäkki	Haltestelle
laitureille	zu den Bahnsteigen
aikataulu	Fahrplan
matkalippu	Fahrschein
lippuluukku	Fahrkartenschalter
lipunmyynti	Fahrscheinverkauf
matkatavara	Reisegepäck
säilytys	Aufbewahrung
makuuvaunu	Schlafwagen
ravintolavaunu	Speisewagen
neuvonta	Information
lähtö – saapuminen	Abfahrt – Ankunft

Matkaliput, olkaa hyvä!
Die Fahrkarten, bitte!

Falls Sie über Juhannus (Mittsommer) in Finnland sind und Ihre Reise mit öffentlichen Verkehrsmitteln von Helsinki aufs Land starten möchten, denken Sie daran, dass die Mehrzahl der Helsinki-Einwohner das Gleiche tun will. Besonders am Freitag vor Juhannus sind sämtliche Busse, Bahnen und Flugzeuge ausgebucht. Also entweder einen Platz reservieren, oder noch besser: früher losfahren!

Kennen Sie schon das alte Lied „Linja-autossa onpi tunnelmaa" („Im Linienbus, da gibt es Stimmung")?

mit dem Auto

Viele Tankstellen haben nachts geschlossen, einige auch sonn- und feiertags. Fast alle Tankstellen sind jedoch mit Tankautomaten ausgestattet. Es wird nicht Normal oder Super getankt, sondern nach Oktanzahl. Wenn Sie nicht wissen, wie viel Oktan Ihr Auto braucht, fragen Sie an der Tankstelle.

Außerhalb geschlossener Ortschaften muss man auch tagsüber mit Licht fahren. Die Gefahr, von der langsam untergehenden Sonne geblendet zu werden, ist groß.

Denken Sie auch daran: „Erst gurten, dann starten!" Die Polizei ist da sehr genau, und ohne Gurt zu fahren kann eine dicke Strafe zur Folge haben.

Missä on lähin huoltoasema / korjaamo?
Wo ist die nächste Tankstelle / Werkstatt?

Voitteko katsoa, mikä on vikana?
(ihr-)könnt-? schauen was ist Fehler-als
Können Sie nachsehen, was der Fehler ist?

Jotakin on vialla.
irgendetwas-Part. ist Fehler-auf
Etwas ist nicht in Ordnung.

Takarengas on puhki.
Hinterreifen ist durch
Der Hinterreifen ist geplatzt.

Akku on rikki.
Batterie ist kaputt
Die Batterie ist kaputt.

Paljonko pannaan / tankataan?
wie-viel hineintun-Pass. / tanken-Pass.
Wie viel Benzin soll es sein?

Tankki täyteen / puoli tankkia, olkaa hyvä!
Tank voll-nach / halb Tank-Part. seid gut
Volltanken! / Halbvoll tanken, bitte!

Auto on kunnossa.
Auto ist Ordnung-in
Das Auto ist in Ordnung.

Kiitos avusta!
danke Hilfe-aus
Danke für die Hilfe!

Mitä olen velkaa?
was-Part. bin Schuld-Part.
Was bin ich schuldig?

Itsepalvelu	Selbstbedienung
Tankkaa itse!	Tanke selbst!
Avoinna	Geöffnet
Suljettu	Geschlossen
Tupakointi kielletty!	Rauchen verboten!

Mistä lähtee tie Turkuun?
wo-aus beginnt Weg Turku-nach
Wo ist der Weg nach Turku?

Voitko näyttää sen kartasta?
(du-)kannst-? zeigen das-Akk. Karte-aus
Kannst du das auf der Karte zeigen?

Onko sinne pitkä matka?
ist-? dorthin lang Weg
Ist es weit dorthin?

Montako kilometriä on ...?
viel-Part.-? Kilometer-Part. (es-)ist ...
Wie viele Kilometer sind ...?

Aja ensin oikealle,
fahre zuerst rechts-zu
Fahr zuerst nach rechts,

sitten vasemmalle,
dann links-zu
dann nach links,

sitten suoraan eteenpäin.
dann gerade vorwärts
dann geradeaus.

Liikennevaloissa taas käännyt oikealle.
Verkehrslichter-in wieder (du-)wendest rechts-zu
An der Ampel fährst du wieder rechts.

Ersatzteile (varaosat)

käynnistin	Anlasser
pakoputki	Auspuff
akku	Batterie
suuntavilkku	Blinker
jarrut	Bremsen
jarruneste	Bremsflüssigkeit
jarruvalot	Bremslichter
tiiviste	Dichtung
suutin	Düse
jousi	Feder
vaihde	Gang
kaasupoljin	Gaspedal
vaihdelaatikko	Getriebe
lamppu	Glühbirne
käsijarru	Handbremse
äänimerkki	Hupe
kiilahihna	Keilriemen
mäntä	Kolben
lokasuoja	Kotflügel
jäähdytin	Kühler
jäähdytysneste	Kühlwasser
kytkin	Kupplung
kytkinpoljin	Kupplungspedal
kampiakseli	Kurbelwelle
tyhjäkäynti	Leerlauf
ohjauspyörä	Lenkrad
laturi	Lichtmaschine
ilmansuodatin	Luftfilter
öljy	Öl
pyörä	Rad

rengas	Reifen
kytkin, kosketin	Schalter
vaihdetanko	Schaltknüppel
valonheitin	Scheinwerfer
sulake	Sicherung
lumiketjut	Schneeketten
nastarenkaat	Spikes
iskunvaimentaja	Stoßdämpfer
puskuri	Stoßstange
tunkki, nosturi	Wagenheber
vesi	Wasser
vesi tislattu	destilliertes Wasser
kaasutin	Vergaser
sytytystulpat	Zündkerze
sytytys	Zündung

Hinweisschilder

Aja hitaasti!	Langsam fahren!
Ajo sallittu omalla vastuulla	Befahren auf eigene Gefahr erlaubt
Aluerajoitus	Geschwindigkeits-begrenzung
Asema	Bahnhof
Autolautta	Autofähre
Etuajo-oikeus muuttunut	Vorfahrt geändert
Heikko tien reuna	Unbefestigter Seitenstreifen
Hengenvaara	Lebensgefahr
Irtokiviä	Lose Steine
Jalankulkutie	Fußgängerweg

Kaiteet puuttuvat	Leitplanken fehlen
Kapea silta	Schmale Brücke
Kelirikko	Frostschäden
Kiertotie	Umweg
Kokeile jarruja	Teste deine Bremsen *(Fähre)*
Lautta	Fähre
Liukas tie	Rutschgefahr
Lossi	Fähre
Läpiajo kielletty	Durchfahrt verboten
Läpikulku kielletty	Durchgang verboten
Perusnopeus	Grundgeschwindigkeit
Pysäköintialue, Pysäköintipaikka	Parkplatz
Pysäköinti kielletty	Parken verboten
Pysäköinti sallittu	Parken erlaubt
Sairaala	Krankenhaus
Satama	Hafen
Sateella	bei Regen
Soranajo	verschmutzte Fahrbahn
Tietyö	Baustelle
Tonteille ajo sallittu	Anlieger frei
Vaarallinen mutka	Gefährliche Kurve
Valmistaudu pysähtymään	Sei bereit zum Halten!
Varokaa junaa!	Vorsicht Zug!
Vesiliirto	Aquaplaning
Yksisuuntainen ajorata	Einbahnstraße

mit dem Schiff

Mistä satamasta lähtee laiva Tukholmaan?
was-aus Hafen-aus abfährt das Schiff Stockholm-nach
Von welchem Hafen fährt das Schiff nach Stockholm?

Milloin lähtee laiva Mikkeliin?
wann abfährt Schiff Mikkeli-nach
Wann fährt ein Schiff nach Mikkeli?

Haluaisin tehdä laivamatkan.
ich-würde-wollen machen Schiffsreise-Akk.
Ich möchte eine Schiffsreise machen.

laituri	Anlegeplatz
ulkohytti	Außenkabine
kansi	Deck
kansipaikka	Deckplatz
kansituoli	Deckstuhl
satama	Hafen
sisähytti	Innenkabine
risteily	Kreuzfahrt
maihinnousukortti	Landekarte
maihinnoususilta	Landungsbrücke
majakka	Leuchtturm
pelastusrengas	Rettungsring
pelastusliivit	Schwimmweste

mit dem Flugzeug

Die großen Entfernungen überwindet man natürlich am schnellsten mit einem Flugzeug. Das Personal sowohl am Boden als auch in der Luft ist mehrsprachig.

Man muss den Flughafen nur finden, denn der Name hat nichts mit „Air", „Aero" oder sonstigen bekannten Wörtern zu tun.

Lentokenttä	Flugplatz
Lentoasema	Flugplatz

Mistä lähtee bussi lentokentälle?
wo-aus abfährt Bus Flughafen-zu
Von wo fährt der Bus zum Flughafen?

An kleineren Flughäfen werden anstelle von Bussen Taxis als Finnair-Shuttles eingesetzt. Sie fahren zum Stadtterminal, welcher meistens ein Reisebüro ist.

Onko täällä Finnairin kuljetus?
ist-? hier Finnair-Gen. Transport
Gibt es hier Finnair-Transport?

Taksi lähtee matkatoimiston edestä.
Taxi abfährt Reisebüro-Gen. vorne-von
Die Haltestelle für Taxis ist vor dem Reisebüro.

Lähtöselvitys	Abfertigung
Portti (B5)	Ausgang (B5)
Lähtö	Abflug
Lähtevät	Abfliegende
Tulo	Ankunft
Saapuvat	Ankommende

Unterkunft

Neben Camping und Hotel gibt es auch in Finnland die Möglichkeit, in Hütten oder auf dem Bauernhof zu übernachten.

Mit einem Smartphone können Sie sich die mit einem gekennzeichneten Sätze dieses Kapitels anhören.

Camping

Die zahlreichen Campingplätze, verteilt über ganz Finnland, liegen fast ausnahmslos am Wasser. Die meisten haben auch kleine Hütten zu vermieten, so dass der Urlaub nicht gleich beim ersten Regenguss „ins Wasser fallen“ muss. Außerdem verfügen sie über Duschen, Kochplätze, Grillplätze, Kioske, *Baari* und natürlich Saunen. In einigen kann man auch Boote mieten oder sogar Segelboote und Surfbretter.

Missä on lähin leirintäalue?
Wo ist der nächste Campingplatz?

Mitä maksaa yksi vuorokausi?
Wie viel kostet ein Tag? *(24-Stunden-Zeitraum)*

Tahtoisin varata saunan.
(ich-)würde-wollen reservieren Sauna-Akk.
Ich möchte eine Sauna reservieren.

Täksi illaksi vai huomiseksi?
dieser-Trans. Abend-Trans. oder morgen-Trans.
Für heute Abend oder für morgen?

Suihkusta ei tule lämmintä vettä.
Dusche-aus (es-)nicht kommen warm-Akk. Wasser-Akk.
Aus der Dusche kommt kein warmes Wasser.

käyttömaksu	Benutzungsgebühr
leirintäalue	Campingplatz
suihku	Dusche
ruoka-astiat	Essgeschirr
grilli	Grill
grillihiili	Grillkohle
keittopaikka	Kochstelle
alueen valvoja	Platzwart
juomavesi	Trinkwasser

Im Prinzip können Sie Ihr Zelt überall aufschlagen, solange Sie damit weder Menschen noch die Natur stören. In der Nähe von Häusern ist es auf alle Fälle ratsam, um Erlaubnis zu fragen. Besondere Aufmerksamkeit sollte der metsäpalovaroitus (Waldbrandwarnung) gelten. Diese Warnung wird nicht umsonst gegeben. Fragen Sie lieber ausdrücklich nach!

Kenelle tämä ranta kuuluu?
wer-zu dieser Strand (er)-gehört
Wem gehört dieser Strand?

Saanko leiriytyä tähän päiväksi / viikoksi?
(ich-)darf-? zelten hierher Tag-Trans. / Woche-Trans.
Darf ich hier für einen Tag / eine Woche zelten?

Mistä voin ostaa ...?
wo-von (ich-)kann kaufen ...
Wo kann ich kaufen ...

Bei dieser Frage wird die Satzergänzung (das Objekt) im Partitiv gebeugt.

maitoa	Milch
leipää	Brot
voita	Butter
perunoita	Kartoffeln

Saanko tehdä nuotion?
(ich-)darf-? machen Lagerfeuer-Akk.
Darf ich ein Lagerfeuer machen?

Hotel

Hotels in Finnland sind zwar sehr gut und modern, aber auch sehr teuer. Etwas preiswerter sind die sogenannten kesähotelli (Sommerhotels). Die meisten sind für den Sommer umgebaute Schüler- und Studentenwohnheime. Sie sind einfach, aber zweckmäßig. Und die harten Betten sind keine Spezialität von Sommerhotels, denn es wird überall hart geschlafen. In Hotels finden Sie in der Regel Personal, welches Sie Ihre Sprache versteht.

In den größeren Hotels gehört zum Übernachtungspreis auch ...

aamu-uinti	Morgenschwimmen
aamusauna	Morgensauna

... und damit fängt der Tag gut an!

Missä voin yöpyä?
Wo kann ich übernachten?

Onko täällä matkustajakotia / retkeilymajaa?
(es-)ist-? hier Gasthof-Part. / Herberge-Part.
Gibt es hier einen Gasthof / eine Jugendherberge?

Missä on lähin kesähotelli?
Wo ist das nächste Sommerhotel?

Hütten

Möchten Sie lieber ganz alleine und einsam sein, dann mieten Sie sich ein mökki (Hütte). Die meisten Hütten haben inzwischen sowohl fließendes Wasser und Elektrizität als auch moderne Einrichtungen, auf jeden Fall aber immer eine Sauna und meistens einen eigenen Strand. Als Heizung dient meistens ein offener Kamin.

Neuerdings gibt es auch Hüttendörfer (mökkikylä). Dort finden Sie nicht die absolute Einsamkeit, dafür aber eventuell mehr Komfort.

Onko Teillä mökkiä vapaana?
habt-? Sie Hütte frei-als
Haben Sie eine Hütte frei?

Kuinka pitkäksi aikaa?
wie lange-Trans. Zeit-Part.
Für wie lange?

Kahdeksi viikoksi.
zwei-Trans. Woche-Trans.
Für zwei Wochen.

Mistä voin vuokrata mökin?
wo-aus (ich-)kann mieten Hütte-Akk.
Wo kann ich eine Hütte mieten?

Mökkejä vuokrattavana!
Hütten-Part. vermieten-Partizip-als
Hütten zu vermieten!

Onko mökillä oma kaivo?
(er-)ist-? Hütte-bei eigener Brunnen
Hat die Hütte einen eigenen Brunnen?

Mistä saan ...?
wo-aus (ich-)bekomme ...
Wo bekomme ich ...?

juomavettä	Trinkwasser *(Part.)*
polttopuita	Feuerholz *(Mz. Part.)*
lampun	Lampe *(Akk.)*

Bauernhof

Den besten Kontakt zu den Einheimischen bekommen Sie bei einem Aufenthalt auf dem Bauernhof (maalaistalo). Die meisten Höfe haben einen eigenen Strand und somit auch die Möglichkeit zum Fischen und Schwimmen. Falls Sie aktiv mitarbeiten wollen, sollten Sie so einen Urlaub am besten im Juli, dem Heumonat (heinäkuu), machen. Da können Sie bei der Heuernte kräftig mit anpacken. Kaffee mit pulla oder mansikkapiirakka (Erdbeertorte), eventuell am Feldrand genossen, schmeckt dann nochmal so gut. Eine andere Belohnung, außer dem Wohlgefühl in der Sauna nach getaner Muskelarbeit und der Dankbarkeit der Gastfamilie, dürfen Sie allerdings nicht erwarten.

Aitta sind Außengebäude, die auch zum Schlafen geeignet sind.

emäntä	Bäuerin
isäntä	Bauer
puuliiteri	Holzschuppen
heinälato	Heuschuppen
navetta	Kuhstall
aitta	Speicher
puusee	Plumpsklo
heinähanko	Heugabel
heinäseiväs	Heupfahl
harava	Rechen
traktori	Traktor
peräkärry	Anhänger
kottikärry	Schubkarre

Tiere

kissa	Katze	**koira**	Hund
kana	Huhn	**kukko**	Hahn
lehmä	Kuh	**vasikka**	Kalb
lammas	Schaf	**pässi**	Schafbock
hevonen	Pferd	**vuohi**	Ziege

Zu Gast sein

Die Zeiten, wo jeder Ausländer noch als Exote galt und als große Sensation gleich mit nach Hause genommen wurde, sind auch in Finnland vorbei. Wenn Sie eine Einladung bekommen, können Sie sicher sein, dass man um Ihr Wohlbefinden bemüht sein wird.

Mit einem Smartphone können Sie sich die mit einem gekennzeichneten Sätze dieses Kapitels anhören.

Tuletko meille kylään? **Tulen mielelläni.**
kommst-? wir-zu Dorf-in
Kommst du uns besuchen? Ich komme gerne.

Saanko tulla Sulle kylään?
(ich-)darf-? kommen du-zu Dorf-nach
Darf ich dich besuchen?

Jäätkö meille yöksi?
bleibst-? wir-zu Nacht-Trans.
Bleibst du über Nacht bei uns?

Jos saan jäädä.
wenn (ich-)darf bleiben
Wenn ich darf.

Voit nukkua täällä.
(du-)kannst schlafen hier
Du kannst hier schlafen.

Sitten pannaan sauna lämpiämään.
dann hinstellen-Pass. Sauna anheizen-Inf.-nach
Dann werden wir gleich die Sauna anheizen.

Sauna

Im Herzen jedes Finnen hat die Sauna einen ganz festen Platz. Heute werden nicht nur alle Häuser, sondern sogar Einzimmerwohnungen gleich mit einer Sauna ausgestattet. Öffentliche Saunas sind daher seltener geworden, aber man findet in Ferienanlagen, auf Campingplätzen und in den Hotels genügend Gelegenheiten zu einem erholenden Saunabesuch.

Gemischte Saunen wird man in Finnland vergeblich suchen. Die Hotels haben meist gleich zwei oder eben getrennte Saunazeiten.

Die Saunagänge werden von keinerlei festen Regeln beherrscht. Der Anlass eines Besuches ist ja die Körperreinigung, wobei die Entspannung natürlich nicht weniger geschätzt wird. Da zählt man nicht die Minuten in der Sauna, sondern jeder geht so oft und so lange rein, wie es ihm eben gut tut. Der Versuch, einem Finnen neue Saunaregeln beizubringen, wäre sowieso zwecklos.

Zu einem vollendeten Saunagenuss gehört nicht nur der Sprung zwischendurch in den See (im Winter darf es auch Schnee sein), sondern auch vasta bzw. vihta. Das ist ein Bündel aus Birkenzweigen, und damit schlägt man sich über den ganzen Körper. Klingt etwas brutal! Aber nein, es tut nicht weh, im Gegenteil, da verschwindet so manches Wehwehchen, die (eventuell vorhandenen)

Mückenstiche jucken nicht mehr, und der Kreislauf läuft danach auf vollen Touren.

Im Sommer zieht es die Stadtbewohner zu ihren Sommerhäuschen irgendwo am Wasser. Obwohl jeder an seinem Häuschen auch eine Sauna hat, lädt man sich gerne gegenseitig zu einem gemütlichen Sauna-Abend ein. Von Fremden erwartet der Finne natürlich auch, dass er das Saunieren liebt. Eine Absage auf eine Einladung könnte den Gastgeber kränken. Etwas Besseres als einen Besuch in der savusauna (Rauchsauna), der ursprünglichen Art, könnte man dem Gast ohnehin nicht anbieten. Die schwarzen Wände wirken zwar etwas seltsam, und beim Rausgehen ist man oft schwärzer als beim Reingehen, aber die urige Stimmung, der würzige Geruch und der sanfte löyly (Aufguss) sind ein einmaliger Genuss.

Sowohl über den Zweck des Besuches als auch über die Saunasitten herrschen wohl mancherlei falsche Vorstellungen. Für die Finnen war und ist die Sauna eine reine Badestube.

ylälauteet	obere Sitzbank
alalauteet	untere Sitzbank
löylynlyömä *aufgussgeschlagen*	zu viel Hitze abgekriegt
löylyä lissää	mehr Aufguss
Tuu uimaan!	Komm schwimmen!

Nach alter finnischer Sitte wird anschließend Kaffee mit pulla (Hefegebäck) serviert. Aber wie oben schon angedeutet, hat man auch am Bier Geschmack gefunden. Andere alkoholische Getränke werden kaum angeboten.

Einkaufen

In größeren Warenhäusern finden Sie immer jemanden, der entweder Englisch oder Deutsch spricht. In einigen Geschäften zeigen die Verkäufer und Verkäuferinnen durch Flaggen auf ihren Namensschildern, welche Sprachen sie sprechen.

Kaufhaus

Mitä tämä maksaa?
was-Part. dieses kostet
Wie viel kostet dies?

Paljonko tuo maksaa?
wie-viel jenes kostet
Wie viel kostet das?

Se on liian kallis.
das ist zu teuer
Das ist zu teuer.

Onko Teillä halvempaa?
(es-)ist-? Sie-bei billigere-Part.
Haben Sie billigere?

Onko Teillä pienempää / suurempaa kokoa?
(es-)ist-? Sie-bei kleinere-Part. / größere-Part. Größe-Part.
Haben Sie kleinere / größere Größen?

Missä voin sovittaa?
wo (ich-)kann anprobieren
Wo kann ich anprobieren?

Tahtoisin näitä neljä kappaletta.
(ich-)würde-wollen diese-Part. vier Stück-Part.
Ich möchte von diesen vier Stück.

Mit einem Smartphone können Sie sich die mit einem gekennzeichneten Sätze dieses Kapitels anhören.

osasto	Abteilung
naisten	Damen *(Gen.)*
lasit	Gläser
taloustavara	Haushalt
lasten	Kinder *(Gen.)*
elintarvike	Lebensmittel
miesten	Männer *(Gen.)*
paperi	Papier
kenkä	Schuhe
matkamuisto	Souvenir
urheilu	Sport
kangas	Stoff
alusvaate	Unterwäsche

Geschäfte

leipomo	Bäckerei
kukkakauppa	Blumenladen
rautakauppa	Eisenwarengeschäft
lihakauppa	Fleischerei

auf dem Markt

Die meisten Märkte sind nur vormittags und mittags auf, bis etwa vierzehn Uhr. In größeren Städten finden Sie auch den iltatori (Abendmarkt), wo allerdings andere Sachen als Lebensmittel angeboten werden.

Aber auch die anderen Märkte bieten neben Obst und Gemüse allerlei Nützliches und auch Unnützes an. Handeln ist nicht üblich, Sie können natürlich Ihr Glück versuchen.

In Finnland werden Kartoffeln, Erdbeeren, Erbsenschoten usw. in Litern und nicht nach Gewicht verkauft:

Saanko kaksi litraa uusia perunoita?
(ich-)bekomme-? zwei Liter-Part. neue-Part. Kartoffeln-Part.
Bekomme ich zwei Liter neue Kartoffeln?

Ja yksi litra herneitä.
und ein Liter Erbsen-Part.
Und einen Liter Erbsen.

Ei niitä, noita makeita.
nicht diese-Part. jene-Part. süße-Part.
Nicht die, sondern die süßen da.

Saako olla vielä muuta?
(es-)darf-? sein noch anderes-Part.
Darf es sonst noch etwas sein?

Puoli litraa kantarellejä.
halb Liter-Part. Pfifferlinge-Part.
Einen halben Liter Pfifferlinge.

Entä muuta?
Noch etwas?

Ei muuta, kiitos.
Nichts mehr, danke.

Kenen vuoro sitten on?
wer-Gen. Reihe dann (sie-)ist
Wer ist nun an der Reihe?

Mitäs sais olla rouvalle / herralle?
was-Part.-doch dürfte-doch sein Frau-zu / Herr-zu
Was darf's sein für die Dame / den Herren?

Yksi litra mansikoita ja yksi nippu tilliä.
ein Liter Erdbeeren-Part. und ein Bund Dill-Part.
Ein Liter Erdbeeren und ein Bund Dill.

Se tekee yhteensä neljätoista euro.
Das macht zusammen vierzehn Euro.

Kiitos.
Danke.

Näkemiin.
Auf Wiedersehen.

Neben dem normalen Markt gibt es zu unterschiedlichen Jahreszeiten markkina (eine Art Jahrmarkt). Da überwiegt das Angebot von Krimskrams, aber auch schöne, handwerkliche Dinge wie Teppiche, Tischdecken, Körbe usw. werden angeboten. Man kann auch handeln, vor allem mit einem Helppoheikki (Billiger Jakob), der seine Ware lauthals anpreist.

Mitä tuo harja maksaa?
was-Part. jene Bürste kostet
Wie viel kostet die Bürste da?

Kymmenen euroa.
zehn Euro-Part.
Zehn Euro.

Voi miten kallis.
Ach, wie teuer.

No pannaan sitten kahdeksalla.
na hinstellen-Pass. dann acht-auf
So, dann lassen wir es mit acht gut sein.

Wo Sie nach Herzenslust handeln können und sollten, das ist auf dem kirpputori (Flohmarkt). Wann und wo es einen gibt? Da müssen Sie sich einfach durchfragen.

Onko täällä kirpputoria?
(es-)ist-? hier Flohmarkt-Part.
Gibt es hier einen Flohmarkt?

Missä on vanhojen tavaroiden myynti?
wo ist alte-Gen. Sachen-Gen. Verkauf
Wo werden alte Sachen verkauft?

im Supermarkt

Alle Lebensmittelgeschäfte haben durchgehend mindestens bis 17 Uhr geöffnet, Supermärkte sogar bis 21 Uhr. Es gibt außerdem die Möglichkeit, an einem R-Kiosk oder einer Tankstelle einzukaufen. Dort bekommen Sie nicht nur Zeitungen und Tabakwaren, sondern auch Brot, Butter, Milch bis hin zu Blumen und Andenken. Auf dem Lande verkehrt noch hier und da das kauppa-auto (Lebensmittel-Verkaufsbus).

Milchprodukte

maito	Milch
maitorahka	Quark
jogurtti	Joghurt
piimä	Buttermilch

kerma	Sahne
smetana	saure Sahne
voi	Butter
... **voimakassuolaista**	stark gesalzene
... **normaalisuolaista**	normal gesalzene
... **suolatonta**	ungesalzene

Käse (juusto)

Turunmaa	Sahnekäse, mild
Kappeli	weich, stark aromatisch
Luostari	mild
Ilves	milder Frischkäse mit Eiern
Juustoleipä	milder, gerösteter Frischkäse, schmeckt gut mit frischen Beeren (heiß) oder in heißen Kaffee getunkt

Gemüse & Obst

omena	Apfel
mustikka	Blaubeere
kukkakaali	Blumenkohl
mansikka	Erdbeere
porkkana	Karotte
peruna	Kartoffel
lakka	Moltebeere
karpalo	Moosbeere
puolukka	Preiselbeere
punajuuri	Rote Bete
lanttu	Steckrübe
sipuli	Zwiebel

Fleisch & Wurst

naudan-, raavas-	Rind...
sian-, porsaan-	Schweine...
lampaan-	Hammel...
vasikan-	Kalb...
-liha	...fleisch
maksa	Leber
jauheliha	Hackfleisch
kinkku	Schinken
broileri	Hähnchen
hirvi	Elch
poro	Rentier
nakki	Würstchen
lenkkimakkara	Fleischwurst
saunamakkara	Sauna-Fleischwurst
grillimakkara	Grillwurst

Fisch

Der lahna *ist ein ziemlich großer Süßwasserfisch. Er schmeckt am besten im Ofen gebraten.*

Die Kleine Maräne ist ein kleiner Süßwasserfisch. Sie schmeckt gebraten und im Fischeintopf.

kala	Fisch
ahven	Barsch
hauki	Hecht
siika	Maräne *(lachsähnlich)*, Felchen, Renke
lahna	Brachse
lohi	Lachs
kirjolohi	Regenbogenforelle
kuha	Zander
muikku	Kleine Maräne
mäti	Rogen
silakka	Strömling
silli	Hering

kilohaili	Sprotte
kampela	Flunder
made	Aalquappe
turska	Kabeljau
rapu	Krebs

Panierte Fischsteaks von der silakka *schmecken ausgezeichnet. Die* made *ist ein aalähnlicher Süßwasserfisch, der meistens in Fischsuppen gegessen wird.*

Brot & Gebäck

leipä	Brot
ruis-	Roggen-
kaura-	Hafer-
ohra-	Gersten-
seka-	Misch-
mallas-	Malz-
maalais-	Bauern-
peruna-	Kartoffel-
ranskan-	Weiß-
sämpylä	Brötchen
pulla	Hefestück
munkki	Kreppel, Krapfen
korvapuusti *Ohrfeige*	Hefestück mit Zimt und Rosinen
mustikkapiirakka	Blaubeerkuchen
rahkapiirakka	Quarkkuchen
wieneri	Kaffeestückchen aus Blätterteig

Wieneri *sind nicht mit Wiener Würstchen zu verwechseln!*

Sonstiges

sinappi	Senf
suola	Salz
sokeri	Zucker
kananmuna	Ei
jäätelö	Eis(krem)
jauho	Mehl

Essen & Trinken

Restaurants in Finnland haben verschiedene Schankrechte: Entweder haben sie eine A-Lizenz (volle Schankrechte) oder eine B-Lizenz (nur Bier und Wein).

Baari (nicht zu verwechseln mit einer Bar) und kahvila (Café) dagegen bieten höchstens keskiolut (Mittelbier). Baari und kahvila sind oft sehr einfach eingerichtet. Lassen Sie sich davon nicht abschrecken, denn in den meisten können Sie sehr gut und preiswert essen. Dort finden Sie auch am ehesten Hausmannskost. Fast alle haben Selbstbedienung.

Das Lieblingskind hat viele Namen, sagt ein finnischer Spruch. Dass ein Buffet mit kalten und warmen Gerichten in Finnland sehr beliebt ist, zeigen schon die vielen Namen dafür:

voileipäpöytä	Butterbrottisch
lounaspöytä	Mittagstisch
seisovapöytä	stehender Tisch
pitopöytä	Schmaustisch

So ein Buffet ist sehr zu empfehlen und genau richtig für den großen Hunger. Finnen verbinden das oft mit dem Familienausflug.

An der Tür der meisten Restaurants steht ein Portier. Er sorgt für die „Ordnung im Hause“ und erwartet beim Hinausgehen auch ein kleines Trinkgeld.

Abends bestehen noch einige Restaurants (meist die mit Tanz) auf korrekte Kleidung (Sakko und Krawatte für den Herrn). Im Sommer sieht man es jedoch nicht so eng.

Wenn Sie eine Schlange vor einem Restaurant sehen, können Sie sich ruhig auch anstellen. Es gibt dort weder Ausverkauf noch Sonderangebote, aber Sie können sicher sein, dass die Kneipe „in" ist.

Mahlzeiten

aamiainen

Frühstück. Sehr reichhaltig, dazu isst man auch:

kaurapuuro	Haferbrei
ohrapuuro	Gerstenbrei

lounas

Mittagessen. Auf dem Lande immer eine warme Mahlzeit, im Restaurant oft ein Buffet (lounaspöytä).

päiväkahvi

Nachmittagskaffee. Eine der wichtigsten Mahlzeiten für jeden Finnen. Dazu isst man:

pulla	Hefegebäck
pikkuleipä	Kekse
täytekakku	Torte *(gefüllter Kuchen)*

Torte gibt es allerdings nur zu besonderen Anlässen. Eine Torte wird in Finnland nicht vorher in Stücke geschnitten, jeder nimmt sich, so viel er will (oder sich traut!).

päivällinen	Abendessen. Wie der Name schon sagt (päivä = Tag), heißt diese Mahlzeit eigentlich „Mittagessen". Sie wird aber erst etwa um 17 Uhr eingenommen und zählt bei den Finnen als Abendessen.
illallinen	Abendessen, wenn das Abendessen tatsächlich am Abend gegessen wird.
iltakahvi	Abendkaffee. Damit man nicht hungrig ins Bett gehen muss, wird abends noch eine Tasse Kaffee mit Butterbrot oder süßem Gebäck getrunken.

Außerdem wird den ganzen Tag über bei jedem kleinsten Anlass eine Tasse Kaffee gemacht. Ohne Anlass geht es aber auch ...

im Restaurant

In einigen Restaurants werden Sie noch vom hovimestari (Oberkellner/in) zum Tisch geführt.

Päivää, onko Teillä vapaata pöytää kahdelle?
Tag-Part. (er-)ist-? Sie-bei frei-Part. Tisch-Part. zwei-zu
Guten Tag, haben Sie noch einen freien Tisch für zwei?

Onko tässä vapaata?
(es-)ist-? hier frei-Part.
Ist hier frei?

Ei, se on varattu.
Nein, es ist besetzt.

Onko Teillä päivänannosta?
(sie-)ist-? Sie-bei Tagesportion-Part.
Haben Sie ein Tagesmenü?

Mitä suosittelette tänään?
Was empfehlen Sie heute?

Mitä Teille tulee?
was-Part. Sie-zu (es-)kommt
Was bekommen Sie?

Minä otan lankkupihvin ja ranskalaisia perunoita.
ich nehme Brettsteak-Akk. und französische-Part. Kartoffeln-Part.
Ich nehme Steak auf Holzbrett und Pommes frites.

Saanko vielä yhden samanlaisen?
(ich-)bekomme-? noch ein-Akk. gleiches-Akk.
Kann ich noch einmal das Gleiche bekommen?

Neiti!
Fräulein!

Tarjoilija!
(Herr) Ober! Kellner/in!

Voinko saada laskun?
(ich-)kann-? bekommen Rechnung-Akk.
Kann ich die Rechnung bekommen?

Kiitos käynnistä, tervetuloa uudestaan.
danke Besuch-aus willkommen von-neuem
Danke für den Besuch, beehren Sie uns bald wieder.

in der Familie

Tulkaapas syömään!
kommt-doch essen-Inf.-nach
Kommt doch mal zum Essen!

Hyvää ruokahalua!
Guten Appetit!

Miltäs maistuu?
was-von-doch schmeckt
Wie schmeckt's?

Maistuuko ruoka?
(es-)schmeckt-? Essen
Schmeckt das Essen?

Tämä on aivan ihanaa!
Das ist ganz hervorragend.

Maistuu oikein hyvältä.
(es-)schmeckt sehr gut-von
Schmeckt sehr gut.

Saako olla lisää?
(es-)darf-? sein mehr
Darf's mehr sein?

Kiitos, vähän.
Danke, ein wenig.

Ei, kiitos.
Nein, danke.

Mitä saa olla juomiseksi?
was-Part. (es-)darf sein Trinken-Trans.
Was darf's zu trinken sein?

Otatko jälkiruokaa?
(du-)nimmst-? Nachtisch-Part.
Nimmst du Nachtisch?

Ei kiitos, en jaksa.
nein danke (ich-)nicht schaffen
Nein danke, ich schaffe es nicht.

Und zum Abschluss ein herzliches Dankeschön für die Gastgeber

Kiitoksia ruuasta!
Dank-Mz.-Part. Essen-aus
Danke fürs Essen!

Im Hause wird selten Alkohol zum Essen serviert. Es muss schon ein besonderer Anlass sein, dass eine Flasche Wein aufgemacht wird. Bier wird ebenfalls lieber in Kneipen getrunken oder auch nach der Sauna.

finnische Spezialitäten

Die typisch finnische Küche ist nichts für die schlanke Linie. Je köstlicher, desto deftiger. Auch zu den warmen Mahlzeiten wird Brot mit Butter gegessen. Leider haben viele Restaurants ihre Küche dem europäischen Stil angepasst. So sind einige der nachstehenden Leckereien nicht mehr auf der Speisekarte zu finden, allerdings öfters noch im baari. Noch besser ist es, wenn Sie sich von Ihren finnischen Freunden beköstigen lassen!

Suppen

kesäkeitto	„Sommersuppe" mit Milch und Gemüse
kalakeitto	Fischsuppe mit Milch oder Sahne gekocht

Aufläufe

porkkanalaatikko	Karottenauflauf
lanttulaatikko	Steckrübenauflauf
perunalaatikko	Kartoffelauflauf (mit Fleisch)
maksalaatikko	Leberauflauf mit Rosinen, süß
makaroonilaatikko	Nudelauflauf
Janssonin kiusaus	„Janssons Versuchung“

Fleisch

Karjalan paisti	karelischer Braten vom Rind, Schwein, Lamm
Stroganoff	Rindergeschnetzeltes
lihapullat	Hackfleischbällchen
Lindströmin pihvi	Frikadelle mit Roter Bete
poronkäristys	Rentiergeschnetzeltes
hirvipaisti	Elchbraten
pyttipannu	eine Art Bauern-frühstück
kaalikääryleet	Kohlrouladen
nakkipannu	gebratene Würstchen
lenkkimakkara	Fleischwurst

Lenkkimakkara gibt es in allen möglichen Variationen: Im offenen Feuer gegrillt oder auf dem Saunaofen gebraten sind sie besonders beliebt. Finnen nennen sie ihr wichtigstes „Gemüse“!

Fisch

silakkapihvit	Strömlingssteaks
muikkupata	Topf mit Kleinen Maränen und Zwiebeln
lohipiirakka	Lachspastete
täytetty hauki	gefüllter Hecht
lasimestarin silli	süßsauer marinierte Heringe

Nachspeisen

luumukiisseli	Pflaumenpudding
marjakiisseli	eine Art roter Grütze
ohukaiset	Pfannkuchen
letut	kleine Pfannkuchen
köyhät ritarit	Armer Ritter
puolukkapuuro	Preiselbeergrießbrei
mämmi	Osterpudding aus Roggen

was Sie noch probieren sollten

Karjalan piirakat munavoilla	karelische Piroggen mit Eibutter
kalakukko	Fischbrot = Roggenbrot, gefüllt mit kleinen Fischen und Speck
uusia perunoita	neue Kartoffeln, ungeschält gekocht und mit gesalzener Butter und Dill gegessen

Getränke

So wie in anderen nordischen Ländern ist auch in Finnland der Alkohol sehr teuer. Das ist für Finnen trotzdem kein Hindernis, mal einen über den Durst zu trinken. Im Gegenteil: Wenn schon, dann auch richtig. Es gibt allerdings auch viele Finnen, die Alkohol total ablehnen. Die mitgebrachte Flasche lässt also nicht immer Freude aufkommen.

Außer keskiolut (Mittelbier) können Sie Alkohol nur im Alko (staatlicher Alkoholladen) kaufen. In Restaurants wird Alkohol ab 12 Uhr mittags serviert. Zum Mittagessen wird jedoch Milch bevorzugt, auch von Geschäftsleuten.

Bier gibt es in drei Stärken:

I-olut, **mieto olut**, **pilsneri**	haben so gut wie keinen Alkohol (nicht zu verwechseln mit Pils)
III-olut, **keskiolut**	sind in etwa so stark wie deutsches Schankbier
IV-olut	ist etwas stärker als deutsches Export

Aber das Lieblingsgetränk der Finnen ist und bleibt der Kaffee.

Saako olla kuppi kahvia? **Kiitos, kyllä.**
(es-)darf-? sein Tasse Kaffee-Part.
Darf es eine Tasse Kaffee sein? Danke, ja.

Otatko vielä kahvia? **Ei kiitos enää.**
nim-nst-? noch Kaffee-Part. nein danke mehr
Nimmst du noch Kaffee? Danke, nicht mehr.

Mitä maksaa iso / pieni kuppi kahvia?
was-Part. kostet kleine / große Tasse Kaffee-Part.
Wie viel kostet eine kleine / große Tasse Kaffee?

Otatko kermaa vai maitoa?
(du-)nimmst-? Sahne-Part. oder Milch-Part.
Nimmst du Sahne oder Milch?

En kumpaakaan, juon mustana.
ich-nicht beide-auch-Part. trinke schwarz-als
Nichts von beiden, ich trinke den Kaffee schwarz.

lähdevesi	Quellwasser
vichyvesi	Mineralwasser
kalja	Malzbier
sima	Getränk zum 1. Mai, alkoholfrei
omenamehu	Apfelsaft
puolukkamehu	Preiselbeersaft

alkoholische Spezialitäten

lakkalikööri	Moltebeerlikör
mesimarjalikööri	Ackerbeerlikör
karpalolikööri	Moosbeerlikör
vodka puolukkamehulla	Wodka mit Preiselbeersaft

Einst sehr beliebt, heute seltener, aber dennoch einen Versuch wert ist der Wodka mit Preiselbeersaft.

Kippis!
Prost!

Heikun heikun!
Prost!

Terveydeksi!
Gesundheit-Trans.
Auf dein Wohl!

Sen kunniaks(i)!
das-Gen. Ehre-Trans.
Darauf!

Pohjanmaa *ist ein Gebiet in Nordwestfinnland.*

Pohjanmaan kautta!
Pohjanmaas über
Auf ex trinken!

Sie können Ihren Mitmenschen auch mit hölökyn kölökyn zuprosten (das lässt sich nicht übersetzen), besonders wenn Sie sie erheitern wollen. Am besten die Zunge vorher mit etwas Wodka „einölen".

Otetaanko vielä paukut?
nehmen-Pass.-? noch Knall-Mz.
Trinken wir noch einen?

Joo ja mä tarjoon.
Ja, und ich spendiere.

Mä oon vähän huppelissa.
Ich bin etwas beschwipst.

Das Wetter

In den Tageszeitungen erscheint jeden Tag eine Wetterkarte.

Wettervorhersage (sääennustus)

korkeapaine (*Abk.* K)	Hochdruck
matalapaine (*Abk.* M)	Tiefdruck
kylmää	kalt
poutaa	heiter (freundlich)
selkeää	freundlich
aurinkoista	sonnig
lämmintä	warm
pilvistä	bewölkt
lisääntyvää pilvisyyttä	zunehmende Bewölkung
heikkoa tuulta	schwachwindig
navakkaa tuulta	böiger Wind
myrsky	Sturm
vesisadetta	Regen
paikalliskuuroja	örtliche Regenschauer
ukkosta	Gewitter
pakkasta	Frost
hallaa	Nachtfrost
lumisadetta	Schneefall
helletä	Hitze
pohjoistuulta	Nordwind
etelätuulta	Südwind
lämpötila	Temperatur
astetta	Grad
metsäpalovaroitus	Waldbrandwarnung

Alle Begriffe der Wettervorhersage (außer „Hoch-“ und „Tiefdruck“ sowie „Waldbrandwarnung“) stehen im Partitiv.

Metsäpalovaroitus on voimassa seuraavilla alueilla ...
Waldbrandwarnung besteht in folgenden Gebieten ...

Bezirke Finnlands

Sowohl das Wetter als auch die Hinweise werden für die jeweiligen lääni (Bezirk) angesagt. Damit Sie wissen, was für Sie zutrifft, hier eine Karte und die Namen der Gebiete:

Ahvenanmaa *sind die Åland-Inseln.*

1. **Ahvenanmaa**	7. **Keskisuomen-,**
2. **Uudenmaan-**	8. **Mikkelin-**
3. **Kymen-**	9. **Kuopion-**
4. **Hämeen-**	10. **Pohjoiskarjalan-**
5. **Turun- ja Porin-**	11. **Oulun-**
6. **Vaasan-**	12. **Lapinlääni**

Das Wetter ist ein wichtiges Thema:

Millaista säätä on luvattu huomiseksi?
was-für-ein-Part. Wetter-Part. ist versprochen morgen-Trans.
Was für ein Wetter ist für morgen angesagt?

Onpa kaunis ilma tänään!
ist-aber schön Wetter heute
Heute ist aber schönes Wetter!

Näyttää tulevan sade.
(er-)scheint kommend-Akk. Regen
Es sieht nach Regen aus.

Sää

- M Matalan keskus
- K Korkean keskus
- Ilmavirtauksen suunta
- Lämmin ilmavirtaus
- Kylmä ilmavirtaus
- Sadealue
- Kuurosateita
- Vesisadetta
- Ukkosta
- Lumisadetta
- Pilvistä
- Puolipiplvistä
- Vaihtelevaa pilvisyyttä
- Selkeää
- Lämmin rintama
- Kylmä rintama
- Okluusiorintama
- 1024 Isobaari

Saman ilmanpaineen millibareina 1000 MB = 750 mm elohopeaa.

Provinz Südfinland
1 Uusimaa
2 Itä-Uusimaa
3 Kymenlaakso
4 Süd-Karelia
5 Päijät-Häme
6 Häme

Provinz Åland
7 Åland

Prov. Westfinland
8 Südwest-Finland
9 Satakunta
10 Tampere
11 Zentral-Finland
12 Süd-Ostrobothnia
13 Ostrobothnia
14 Zentral-Ostrobothnia

Provinz Ostfinland
15 Savo
16 Süd-Savo
17 Nord-Karelia

Provinz Oulu
18 Kainuu
19 Nord-Ostrobothnia

Provinz Lapland
20 Lapland

Sää pysyy kauniina.
Wetter bleibt schön-als
Das Wetter bleibt schön.

Aurinko paistaa.
Sonne scheint
Die Sonne scheint.

Ilmassa on ukkosta.
Luft-in ist Gewitter-Part.
Es liegt ein Gewitter in der Luft.

Wenn Sie einem Finnen etwas Gutes tun wollen, dann wünschen Sie Folgendes, insbesondere dann, wenn er gerade in sein Sommerhäuschen fahren will!

Poutaista säätä!
heiter-Part. Wetter-Part.
Schönes Wetter!

Poutapäiviä!
heiter-Tage-Part.
Trockenes Wetter!

pouta	Ausdruck für ein heiteres, freundliches Sommerwetter
poutapäivä	Tag ohne Regen
poutapilvi	Schäfchenwolke

Tulee poutasää.
(es-)kommt heiter-Wetter
Es wird heiter.

Feste & Unterhaltung

In den Sommermonaten häufen sich die Feste. Fast jede Stadt und jedes Dorf hat irgendeinen Anlass gefunden, um daraus ein Fest zu machen. Als Anlass können genausogut Erdbeeren wie auch Krebse dienen. Inzwischen findet man bei solchen Festen auch Bierzelte, allerdings ist Fleischwurst in irgendeiner Form fast obligatorisch!

Mansikkakarnevaalit	Erdbeerkarneval
Muikkujuhlat	Fischfest mit Kleinen Maränen
Rapujuhlat	Krebsfest
Rantakalailta	Fischfest am Strand
Oopperajuhlat	Opernfest
Kulttuurikesä	Kultursommer
Kansantanssijuhlat	Volkstanzfest
Jazz-Festivaalit	Jazz-Festival
Vappu	1. Mai
Juhannus	Mittsommernacht

Die größten Feste sind Vappu *und* Juhannus.

Der Vappu (1. Mai) wird allerdings schon am Vortag (Abend, Nacht) gefeiert. Leute setzen ihre ylioppilaslakki (Studentenmützen, die man nach bestandenem Abitur erhält) auf und schmücken auch die Statue Havis-Aamanda in Helsinki mit einer Mütze.

Die Havis-Aamanda *steht beim Marktplatz* (Kauppatori) *am Südhafen.*

Juhannus (Mittsommernacht), das größte Fest des Sommers, wird an dem Wochenende gefeiert, das dem 24.6. am nächsten ist.

Ruhe und Stille sind zu Juhannus *Fremdwörter. Für die Stimmung hat sich jeder etwas mitgebracht.*

Wer ein Sommerhäuschen hat, zieht dann garantiert dorthin. Wer keines hat, besucht jemanden, der eines hat. Die Jugendlichen zieht es mehr zu den Campingplätzen, wo es dann auch recht ausgelassen zugeht. Zu Hause wird der Garten mit Birken geschmückt und natürlich die weiß-blaue Flagge gehisst.

Tanzen

In größeren Städten können Sie Ihr Tanzbein schon am Nachmittag beim iltapäivätanssit (Nachmittagstanz) schwingen. Ohnehin werden Sie in den Städten viele Tanzlokale finden. Auf dem Lande können Sie im Sommer noch einige tanssilava (Tanzboden) entdecken. Die Musik ist „live", und die Stimmung ist echt.

Man tanzt in Finnland übrigens noch viel Tango, Humppa, Walzer, Polka und Foxtrott.

Es ist üblich, zwei Tänze hintereinander zu absolvieren, bei Gefallen dürfen es natürlich auch mehr sein. Damenwahl ist in Finnland keine Besonderheit mehr, sondern schon seit langem praktiziert.

Tuutko tanssimaan?
(du-)kommst-? tanzen-Inf.-nach
Kommst du tanzen?

Saanko luvan?
(ich-)bekomme-? Erlaubnis-Akk.
Darf ich bitten?

Tanssitko vielä toisen?
(du-)tanzt-? noch anderer-Akk.
Tanzt du noch einen Tanz?

Osaat Sä valssia?

Kannst du Walzer?

Kiitos tanssista.
danke Tanz-aus
Danke für den Tanz.

Sä tanssit ihanasti.
Du tanzt wunderbar.

Kino

Wenn Sie an einem regnerischen Tag in der Stadt sind, ist ein Kinobesuch sehr zu empfehlen. Die Filme werden nicht synchronisiert, sondern laufen in der Originalsprache mit finnischen oder schwedischen Untertiteln. Da können Sie noch etwas dazulernen, vorausgesetzt, Sie verstehen die Originalsprache. Und wann haben Sie sonst schon die Gelegenheit, berühmte Schauspieler mit eigener Stimme sprechen zu hören?

elokuvateatteri	Kino
leffa	Kino, Film

Tahtoisin nähdä leffan...
ich würde-wollen sehen Film-Akk.
Ich möchte den Film ... sehen.

Mennääkö leffaan?
gehen-Pass.-? Kino-nach
Gehen wir ins Kino?

Tiedätkö, missä se menee?
(du-)weißt-? wo das (es-)geht
Weißt du, wo der läuft?

Rauchen

Die großen Anti-Rauchen-Kampagnen haben bewirkt, dass viele Finnen jetzt gesünder leben und das Nichtrauchen auch von ihren Mitmenschen erwarten. So ist das Rauchen in öffentlichen Gebäuden verboten, auch in Flughäfen. Wenn Sie bei Nichtrauchern zu Besuch sind und rauchen möchten, dann gehen Sie lieber nach draußen in den Garten oder auf den Balkon. Ihre Mitmenschen sind Ihnen dafür dankbar.

In den meisten Restaurants finden Sie Raucher- und Nichtraucher-Zonen.

Tupakoiville	für Raucher
Tupakoimattomille	für Nichtraucher

Saako täällä polttaa?
(es-)darf-? hier rauchen
Darf man hier rauchen?

Tupakointi kielletty!
Rauchen verboten!

Tahtoisin yhden askin savukkeita.
ich-würde-wollen ein-Akk. Schachtel-Akk. Zigaretten-Part.
Ich möchte eine Schachtel Zigaretten.

In Finnland gibt es keine Zigarettenautomaten.

Onko Teillä tulitikkuja?
Haben Sie Streichhölzer?

Voinko saada tuhkakupin?
(ich-)kann-? bekommen Aschenbecher-Akk.
Kann ich einen Aschenbecher bekommen?

Bank, Post & Behörden

In der Regel werden Sie dort jemanden finden, der Englisch oder Deutsch spricht.

posti	Post
pankki	Bank
poliisi	Polizei
asianajaja	Anwalt
tuomari	Richter
kunnanvirasto	Gemeindehaus
kaupunginvirasto	Stadtbehörde

Posti on avoinna.
Post ist offen-als
Die Post hat auf.

Pankki on suljettu.
Bank ist geschlossen
Die Bank ist geschlossen.

Mistä voin ostaa postimerkkejä?
wo-aus (ich-)kann kaufen Postmarken-Part.
Wo kann ich Briefmarken kaufen?

Mitä maksaa kortti / kirje Saksaan?
was-Part. kostet Karte / Brief Deutschland-nach
Wie viel kostet eine Karte / ein Brief nach Deutschland?

Onko Teillä erikoismerkkejä?
Haben Sie Sondermarken?

Mistä voin soittaa Saksaan?
wo-aus (ich-)kann anrufen Deutschland-nach
Wo kann ich nach Deutschland telefonieren?

Saksan suuntanumero on 99049.
Deutschlands Vorwahl ist 99049.

Voinko saada pikkurahaa?
(ich-)kann-? bekommen Kleingeld-Part.
Kann ich Kleingeld bekommen?

Missä on lähin puhelinkioski?
Wo ist der nächste Telefonkiosk?

Missä voin vaihtaa rahaa?
wo (ich-)kann wechseln Geld-Part.
Wo kann ich Geld wechseln?

Saanko seteleitä / kolikoita?
(ich-)bekomme-? Scheine-Part. / Münzen-Part.
Bekomme ich Scheine / Münzen?

Väärä numero.
falsche Nummer
Falsch verbunden.

Missä on lähin poliisi?
Wo ist die nächste Polizeistation?

Minulta on kadonnut / varastettu ...
ich-von (es-)ist verloren / gestohlen ...
Ich habe ... verloren. / Mir wurde ... gestohlen.

Dass einem etwas gestohlen wird, kommt allerdings nur sehr selten vor! Wie schon erwähnt, haben Finnen vor dem Eigentum anderer großen Respekt.

Ausfüllen von Formularen

lomake	Formular
nimi	Name
etunimi	Vorname
sukunimi	Nachname
tyttönimi	Geburtsname
kansalaisuus	Nationalität
osoite	Adresse
asuinpaikka	Wohnort
katu	Straße
maa	Land
siviilisääty	Familienstand
syntymäaika	Geburtstag
syntymäpaikka	Geburtsort
ammatti	Beruf
uskonto	Religion
passi	Reisepass
henkilöllisyystodistus	Personalausweis
päivämäärä	Datum
lupa	Erlaubnis
allekirjoitus	Unterschrift

Krank sein

Mit einem Smartphone können Sie sich die mit einem gekennzeichneten Sätze dieses Kapitels anhören.

In den Städten und in größeren Dörfern (kirkonkylä = Kirchdorf) finden Sie ein terveyskeskus (Gesundheitszentrum). Das entspricht etwa der deutschen Allgemeinarztpraxis, auch was die Wartezeiten betrifft. Schneller geht es beim Privatarzt, dafür kostet es halt mehr.

ensiapu	Erste Hilfe
päivystävä lääkäri	diensthabender Arzt
hammaslääkäri	Zahnarzt
silmälääkäri	Augenarzt
vastaanotto	Sprechstunde

Minulla on ...
Ich habe ...

flunssa	Grippe
nuha	Schnupfen
ripuli	Durchfall
kuumetta	Fieber
vatsakipuja	Bauchschmerzen
päänsärky	Kopfschmerzen
kurkkukipu	Halsschmerzen
huono olo	Übelkeit

Olen vilustunut / kaatunut.
Ich bin erkältet / gefallen.

Olen nyrjäyttänyt nilkkani.
Ich habe den Fuß verstaucht.

Missä on lähin apteekki?
Wo ist die nächste Apotheke?

Voinko saada lääkettä ...?
Kann ich Medizin bekommen ...?

päänsärkyyn	gegen Kopfschmerzen
hammassärkyyn	gegen Zahnschmerzen
ripuliin	gegen Durchfall
(palo) haavaan	gegen (Brand-)Wunden
hyttysen puremiin	gegen Mückenstiche

Übrigens: Essig (etikka) äußerlich angewandt hilft sehr gut gegen die Mücken.

Toilette & Co.

Die häufigste Bezeichnung für „Toilette" ist WC oder ausgeschrieben vessat (Toiletten). Hier und da gibt es noch das etwas veraltete käymälä (Toilette). In den Sommerhäuschen heißt es auch puusee (Plumpsklo).

An der Tür steht:

M / miehille	Herren
N / naisille	Damen

naistenvessa	Damentoilette
miestenvessa	Herrentoilette
vessamaksu	Toilettengebühr
vapaa	frei
varattu	besetzt
saippua	Seife
vessapaperi	Toilettenpapier
pyyhe	Handtuch

Onko täällä vessaa?
(es-)ist-? hier Toilette-Part.
Gibt es hier eine Toilette?

In einigen Cafés und an den Tankstellen bekommt man den Schlüssel für die Toilette an der Kasse.

Mistä saan vessan avaimen?
wo-aus (ich-)bekomme Toilette-Gen. Schlüssel-Akk.
Wo bekomme ich den Schlüssel für die Toilette?

Onko se maksullinen?
ist-? es kostenpflichtig
Kostet es etwas?

Schimpfen & Fluchen

Mit dem Schimpfen ist es in Finnland wie mit dem Alkohol. Die einen übertreiben es, die anderen tun es nie. Wenn die Hemmschwelle durch Alkohol überschritten ist, kann die Schimpferei ganz schön brutal werden.

Die ganz groben Schimpfwörter habe ich mit Absicht weggelassen, denn deren „unpassender“ Gebrauch könnte Ärger verursachen.

nuija *(Fleisch-)Hammer*	Doofmann
tollo	Tölpel
vätys	Schlappschwanz
pöllöpää *Uhukopf*	Strohkopf
hullu	verrückt
hölmö	blöd
tyhmä	dumm
paska	Scheiße
piru	Teufel

Hitto vieköön!
Teufel werde-gebracht
Zum Teufel mit dir!

Haista paska!
Riech die Scheiße!

Mitä sä höpötät!
was-Part. du quatschst
Was redest du für dummes Zeug!

Suu tukkoon!
Mund werde-verstopft
Sei still!

Ja höpö, höpö!
und Quatsch Quatsch
So ein Quatsch!

Äläs lähentele!
nicht!-doch annähern
Mach mich nicht an!

Sä puhut ihan hassuja!
du sprichst ganz albern-Part.
Du spinnst wohl?

Älä viitsi.
nicht! kümmern
Lass das!

Nyt riittää!
Jetzt reicht's aber!

Nyt häivy!
Nun hau ab!

Jätä mut rauhaan!
lass mich Ruhe-nach
Lass mich in Ruhe!

Tampere

Literaturhinweise

Falls Sie nach der Lektüre dieses Büchleins immer noch Lust haben, Finnisch zu lernen, ja sogar tiefer in die Materie einsteigen wollen, würde ich raten, einen Kurs zu belegen. Denn weder die finnische Sprache noch die vorhandenen Lehrbücher eignen sich sonderlich für ein Selbststudium.

Falls Sie es dennoch versuchen möchten, hier ein paar Literaturhinweise:

Die hier genannten Bücher und Schriften sind nicht über den Reise Know-How Verlag erhältlich.

Finnisch für Sie, M.-L. Steiner und D. Aßmann. Max Hueber Verlag

Suomea suomeksi (Finnisch auf Finnisch), Olli Nuutinen. Suomalaisen kirjallisuuden seura, Helsinki. Das ursprünglich für skandinavische Studenten verfasste Buch hat einen sehr guten Wortschatz, den es auch in Deutsch gibt. Der Rest des Buches ist aber nur einsprachig. ISBN 951-717-126-9.

Als **Wörterbuch** kann ich das in Finnland erhältliche **suomi-saksa-suomi** aus der Serie „Punaiset Sanakirjat“, d. h. „Rote Wörterbücher“, des Verlages Werner Söderström OY empfehlen. Für viele Begriffe gibt es praktische Beispiele.

Die folgenden Wörterlisten enthalten einen Grundwortschatz von je ca. 1000 Wörtern. Wörter oder Silben in Klammern können entfallen. Die Reihenfolge der Einträge folgt auch im finnisch-deutschen Teil dem deutschen Alphabet, nicht dem finnischen. Also sind die Buchstaben ä *und* ö *unter den Grundbuchstaben* a *bzw.* o *zu finden.*

A

abbiegen kääntyä
Abend ilta
aber mutta
abfahren lähteä
Abfall jäte, roska
abhauen häipyä
abholen noutaa, hakea
abschleppen hinata
abtrocknen kuivata
abwaschen tiskata
Affe apina
ähnlich kaltainen
alle kaikki;
  a. sein olla loppu
allein yksin
allgemein yleinen
als jos;
  (mehr) a. kuin, jos
alt vanha
Ameise muurahainen
andere/r/s toinen, muu
anfangen aloittaa
angeln onkia
angenehm miellyttävä
Angst: A. haben pelätä
anhaben olla päällä
anhalten pysähtyä
Anhalter liftari
anrufen soittaa
anschalten panna päälle
anschauen katsoa
antworten vastata
anziehen pukea
Apfel omena
Apfelsine appelsiini
Arbeit työ
arbeiten tehdä työtä
ärgern suututtaa
arm köyhä
Arm käsi
Armee armeija
Arzt lääkäri
Asche tuhka
auch myös;
  a. nicht ei myöskään
aufhören loppua;
  (mit etw.) lopettaa
aufmachen avata
aufstehen nousta ylös
Aufzug hissi
Auge silmä
aushandeln sopia
ausländisch ulkomainen
ausleihen lainata
ausschalten sulkea
aussteigen jäädä pois, nousta
ausziehen muuttaa pois

B

backen leipoa
baden kylpeä
Bahnhof asema
Bahnsteig asemalaituri
bald pian
Ball pallo
Band nauha, panta
Bank (Geld) pankki;
  (Sitz-) penkki
Bauch vatsa
bauen rakentaa
Bauernhof maatila
Baum puu
Baumwolle puuvilla
Becher tuoppi, muki
bedeuten tarkoittaa
beeilen, sich kiirehtiä

Beere marja
befehlen käskeä
bei luo, luona
Beispiel esimerkki
beißen purra
bekommen saada
beleidigen loukata
benötigen tarvita
bequem mukava
Berg vuori
Beruf ammatti
berühmt kuuluisa
bescheiden vaatimaton
besitzen omistaa
besondere/r/s eri, erikoinen
besonders erityisesti
bestellen tilata
besuchen käydä jnk. luona
beten rukoilla
betrügen pettää
betrunken juopunut
Bett vuode, sänky;
B. machen tehdä vuode
betteln kerjätä
bevor ennen
beweisen todistaa
bezahlen maksaa
biegsam taipuisa, notkea
Biene mehiläinen
Bier olut, kalja
Birne päärynä
bis asti, saakka
bitten pyytää
Blatt lehti
blau sininen
bleiben jäädä, viipyä
bleich kalpea
Bleistift lyijykynä
blind sokea
blitzen salamoida
blöd hölmö
Blödsinn hölynpöly
Blume kukka
Blut veri
bluten vuotaa verta
Boden pohja
Bonbon makeinen
Boot vene
böse vihainen
Braten paisti
brauchen tarvita
braun ruskea
breit leveä
brennen polttaa
Brett lauta
Brief kirje
Briefmarke postimerkki
Brot leipä;
belegtes B. voileipä
Brötchen sämpylä
Brücke silta
Bruder veli
Brust rinta
Buch kirja
Buchstabe kirjain
Bügeleisen silitysrauta
bügeln silittää
bunt kirjava
Büro toimisto
Bürste harja
Butter voi

C / D

Chef esimies
Computer tietokone
da (dort) siellä, tuolla
Dach katto
damals silloin
damit jotta, että
Dampf höyry
danke kiitos
dass että
Daumen peukalo
Decke (Bett-) peitto
Deckel kansi
denken ajatella
derselbe sama
deutlich selvä
Deutsch saksa
dicht tiukka, tiivis
dick paksu
dieser tämä
Ding esine, kapine, asia
Dorf kylä
dort tuolla
Dose rasia, tölkki
Dosenöffner purkinavaaja
Draht metallilanka
draußen ulkona
drehen kääntää, pyörittää
drinnen sisällä
drüben tuolla
du sinä
dumm tyhmä, tylsä
dunkel pimeä
dünn ohut
durch läpi, kautta
durchsichtig läpinäkyvä
dürfen saada
dürr kuiva
durstig janoinen
Dusche suihku

düster synkkä, kolkko

E

eben (flach) tasainen
echt aito, oikea
Ecke nurkka, kulma
ehrlich rehellinen
Ei muna
eifersüchtig mustasukkainen
eigen oma
Eimer sanko, ämpäri
ein eräs, yksi
einfach yksinkertainen
einige muutama/t
einkaufen ostaa
einladen kutsua
einsam yksinäinen, autio
einsteigen nousta sisään
eintreten astua sisään
einzig ainoa, ainoastaan
Eis jää; **(Speise-)** jäätelö
Eisenbahn rautatie
Elch hirvi
elend kurja, surkea
empfehlen suositella
empfindlich herkkä, arka
eng ahdas, kapea
entscheiden ratkaista
entweder joko
entwickeln kehittää
er hän
erbärmlich surkea, kurja
Erdbeere mansikka
Erde maa; **(Erdreich)** multa
erfinden keksiä
erinnern muistuttaa
erklären selittää
erlauben sallia, antaa lupa
Ernst totinen, tosi
erschrecken säikähtää
erwachsen aikuinen
erzählen kertoa
es se
Essen ruoka
essen syödä
Essig etikka
etwas vähän

F

Faden lanka
Fahne lippu
fahren ajaa
Fahrkarte matkalippu
Fahrplan aikataulu
falsch väärä, väärin
Farbe väri
fast melkein
faul (träge) laiska
Feder höyhen, sulka
fehlen puuttua
fein hieno
Fenster ikkuna
Fernseher televisio
fertig valmis
fest luja, vahava
Fest juhla
fett rasvainen, lihava
feucht kostea
Feuer tuli
Feuerzeug sytytin
finden löytää, tavata
Fingernagel kynsi
Fisch kala
Flügel siipi
flach matala, litteä
Flasche pullo
Fleisch liha
fleißig ahkera
Fliege kärpänen
fliegen lentää
fliehen paeta
fließen virrata, vuotaa
Flughafen lentokenttä
Fluss joki
flüssig juokseva
folgen seurata
fortfahren (mit) jatkaa
Frage kysymys
fragen kysyä
Frau nainen
frech röyhkeä, nenäkäs
frei vapaa
freiwillig vapaaehtoinen
fremd vieras
fressen ahmia, syödä
freuen: sich f. auf iloita
Freund ystävä
Freundin tyttöystävä
freundlich ystävällinen
Frieden rauha
Friedhof hautausmaa
frieren palella
frisch tuore
froh iloinen
Frosch sammakko
fruchtbar hedelmällinen
früh aikainen
Frühling kevät
Frühstück aamiainen
fühlen tuntea

führen johtaa, viedä
für varten, puolesta
furchtbar kamala, kauhea
Fuß jalka
Fußball jalkapallo

G

Gabel haarukka
ganz aivan, täysin, koko, kokonainen
Garten puutarha
Gebäude rakennus
geben antaa;
es gibt on
geboren syntynyt
gebraten paistettu
gebraucht käytetty
geduldig kärsivällinen
geeignet sopiva
gefährlich vaarallinen
gefallen miellyttää
Gefängnis vankila
geheim salainen
gehen mennä, käydä;
(zu Fuß) kävellä
gehören kuulua
geizig saita
gekocht keitetty
gelb keltainen
Geld raha
gelten olla voimassa
gemein yhteinen
genießen nauttia
gemischt sekalainen
Gemüse vihannes
genau tarkka, tasan
genug tarpeeksi
gerade suora, suoraan
gerecht olkeamielinen
gern mielellään
Geschäft kauppa
geschehen tapahtua
Geschichte historia
Geschlecht sukupuoli
geschlossen kiinni, suljettu
Gesellschaft seura, yhdistys
Gesetz laki
Gesicht kasvot, naama
Gespenst aave, kummitus
gestern eilen
gesund terve, terveellinen
Getränk juoma
getrennt erillään, erossa
Gewehr ase, kivääri
gewinnen voittaa
gierig ahne
gießen kaataa, kastella
glatt sileä, tasainen
gleich sama(lainen)
Gleis raide
Gletscher jäätikkö
Glocke kello
glotzen tuijottaa
glücklich onnellinen
Gold kulta
Graben oja
grau harmaa
grausam julma
greifen ottaa kiinni
groß iso, suuri
Großmutter isoäiti, mummo
Großvater isoisä, ukki
grün vihreä
grüßen tervehtiä
gucken katsoa, vilkaista
gültig voimassa
Gummi kumi
Gürtel vyö
gut hyvä

H

Haar(e) hiukset, tukka
haben olla, omistaa
Hafen satama
halten pysähtyä
Hals kaula
Hand käsi
Handschuh käsine
Handtasche käsilaukku
Handtuch pyyhe
hart kova
Hase jänis
hässlich ruma
Haus talo;
nach Hause kotiin;
zu Hause kotona
Haut iho, nahka
heben nostaa
heil eheä, ehyt
heilig pyhä
heiraten mennä naimisiin
heiß kuuma
heißen olla nimeltä
helfen auttaa
hell vaalea, kirkas
Helm kypärä
Hemd paita
Herbst syksy

herstellen valmistaa, tuottaa
herumliegen loikoa
herumlungern maleksia
herumstehen seisoskella
Herz sydän
heute tänään
hier täällä
hierher tänne, tähän
hinauf ylös
hinaus ulos
hinter taakse, takana
hinunter alas
hoch korkea
Hochebene ylätasanko
hoffen toivoa
höflich kohtelias
hohl ontto
holen hakea
Holz puu
Honig hunaja
Hose housut
hübsch nätti
Huhn kana
Hund koira
Hunger nälkä
hungrig nälkäinen
Hut hattu

I

ich minä
ihr te
immer aina;
i. noch yhä vielä
in sisällä
innere/r/s sisä-, sisäinen

J

ja kyllä, joo
Jahr vuosi
je ... desto mitä ... sitä
Jeans jamekset
jede/r/s joka, jokainen
jetzt nyt
jucken kutista
jung nuori
Junge poika

K

kalt kylmä
Kamm kampa
kämmen kammata
kämpfen taistella
kaputt rikki
Karte kartta
Kartoffel peruna
Käse juusto
Katze kissa
Kaufhaus tavaratalo
kaufen ostaa
Kaugummi purukumi
kaum tuskin
kein ei yhtään
keiner ei kukaan
kennen tuntea;
k. lernen oppia tuntemaan
Kessel pata, kattila
Kette ketju
Kind lapsi
Kinn leuka
Kirche kirkko
Kirsche kirsikka
Kissen tyyny
Kiste laatikko, kirstu
Klebstoff liima
Kleid puku, mekko
klein pieni
Kleingeld pikkuraha
Klingel soittokello
Klosett klosetti
klug viisas
kneifen nipistää
kneten alustaa, vaivata
Knie polvi
Knochen luu
Knopf nappi
Knoten solmu
Koch kokki, keittäjä
kochen keittää
Koffer matkalaukku
Kohle hiili
können osata, voida
Kopf pää
Korb kori
Korken korkki
Korkenzieher korkkiruuvi
Körper ruumis, vartalo
kotzen yökätä
krank sairas
Krankenhaus sairaala
Kreide liitu
Kreis kehä, ympyrä
kriechen ryömiä, kömpiä
Krieg sota
Küche keittiö
Kuchen kakku
Kugel kuula
Kugelschreiber kuulakärkikynä
Kühlschrank jääkaappi
künstlich keinotekoinen
kurz lyhyt, lyhyesti
Kuss suukko, pusu

küssen suudella, pussata

L

lachen nauraa
lächerlich naurettava
Laden myymälä
Lampe lamppu
längs pitkin, myöten
langsam hidas, hitaasti
langweilig pitkäveteinen
lau laimea, lauhkea
laufen juosta
Laune juoni, tuuli
laut kuuluva
Lautsprecher kovaääninen
leben elää
Leben elämä
lebendig elävä
Lebensmittel elintarvike
lecken nuolla, vuotaa
Leder nahka
ledig naimaton
leer tyhjä
legen asettaa, panna
Lehrer opettaja
leicht kevyt, helppo
leise hiljaa, hiljainen
Leiter tikkaat
lernen oppia, opetella
lesen lukea
letzte/r/s viimeinen
Leute ihmiset, kansa
Licht valo
lieb rakas
Liebe rakkaus
lieben rakastaa
Lied laulu
liegen maata
linke/r/s vasen
Lippe huuli
Loch reikä, kolo
Löffel lusikka
lose irrallinen
lügen valehdella
Lust halu, ilo;
L. haben tehdä mieli
lustig hauska

M

machen tehdä, toimia
Mädchen tyttö
Mann mies
männlich miehekäs
Mantel takki
Markt tori
Marmelade marmelaati
Mauer muuri
Maus hiiri
Meer meri
Mehl jauho
meinen luulla, tarkoittaa
Mensch ihminen
messen mitata
Messer veitsi
mieten vuokrata
Milch maito
mischen sekoittaa
mit kanssa
mitteilen ilmoittaa
möglich mahdollinen
Monat kuukausi
Mond kuu
morgen huomenna
Motorrad mootoripyörä
Mücke itikka, hyttynen
Mückenstich itikanpurema
müde väsynyt
Müll jäte
Mund suu
Münze kolikko
müssen täytyä, pitää
mutig rohkea, uskalias
Mutter äiti
Mütze lakki, myssy

N

nach jälkeen
Nachbar naapuri
nachdem sen jälkeen kun
nachdenken miettiä
nächste/r/s lähin; **(folgender)** seuraava, ensi
Nacht yö
nackt alaston, paljas
Nadel neula
Nagel naula
nahebei lähellä
nähen ommella
Name nimi
Napf kulho, kippo
Nase nenä
nass märkä
Nebel sumu
neben vieressä
nehmen ottaa
neidisch kateellinen
nein ei
nett kiva, mukava
Netz verkko
neu uusi
neugierig utelias

nicht ei
nichts ei mitään
nie ei koskaan
niedrig matala, alava
niemand ei kukaan
niesen aivastaa
noch vielä;
n. einmal vielä kerran
nötig tarpeellinen
nüchtern raitis, selvä
nur vain, ainoastaan
Nuss pähkinä
nützlich hyödyllinen

O

ob -ko, tokko
oben ylhäällä
Obst hedelmät
obwohl vaikka
oder vai, eli, tai
Ofen uuni
offen auki, avoinna
öffentlich julkinen, yleinen
öffnen avata
oft usein
ohne ilman
Ohr korva
Öl öljy
Ort paikka, seutu

P

Paket paketti
peinlich kiusallinen
Pfeffer pippuri
Pfeife piippu
Pferd hevonen
Pfirsich persikka
Pflanze kasvi
pflegen hoitaa
Pfütze lammikko
Pilz sieni
pinkeln pissata
Plattenspieler levysoitin
Platz (Stelle) paikka, tila; **(öffentl.)** aukio
plötzlich (yht)äkkiä
plump kömpelö
Plumpsklo puusee
Polarkreis napapiiri
Polizei poliisi
probieren koetella
Provinz lääni
Punkt piste
pünktlich täsmällinen
Puppe nukke

Q

quälen kiusata
Quatsch pöty
Quelle lähde
quer: qu. durch poikki
Quittung kuitti

R

Rad pyörä
Rahmen raami
Ramsch kama
Rasen nurmikko
raten arvata; **(Ratschlag)** neuvoa
Ratte rotta
rau karkea, raaka
Rauch savu
rauchen (Tabak) polttaa
Raum tila, huone
rechnen laskea
Rechnung lasku
rechte/r/s oikea
reden puhua
Regal hylly
Regen sade
regnen sataa
Reh metsäkauris
reich rikas
reif kypsä
rein puhdas
Reis riisi
Reise matka
reißen repiä
reiten ratsastaa
Rentner eläkeläinen
Richter tuomari
richtig oikea, oikein
riechen haista
Rock hame
roh raaka
rot punainen
Rücken selkä
rufen huutaa, kutsua
ruhig hiljainen

S

Sache asia, juttu, esine
Sack säkki
sagen sanoa
Salz suola
Sarg arkku
satt kylläinen
Satz lause
sauber siisti
sauer hapan
saufen juopotella
Schachtel rasia

schädlich vahingollinen
Schaf lammas
schaffen luoda
Schal kaulahuivi
Schale kuori
schämen hävetä
scharf (Klinge) terävä
Schatten varjo
scheinen paistaa
Schere sakset
scheußlich ällöttävä
schicken lähettää
schieben työntää, lykätä
Schiene lasta, kisko
schießen ampua
Schiff laiva
Schild kilpi
schimpfen haukkua
Schinken kinkku
Schirm varjo
schlafen nukkua
schlagen lyödä
Schlägerei tappelu
Schlamm lieju
Schlange käärme
schlank hoikka
schlau ovela, viekas
schlecht huono, pahoin
schleimig limainen
schließen sulkea
Schloss (Burg) linna
Schlüssel avain
schmal kapea
schmeißen heittää, viskata
Schmetterling perhonen
Schmuck koru
Schmutz lika, kura
schmutzig likainen
Schnaps ryyppy, snapsi
schnarchen kuorsata
Schnee lumi
schneiden leikata
schnell nopea
schön kaunis
Schrank kaappi
Schraube ruuvi
Schraubenzieher ruuvimeisseli
schrecklich hirveä, kauhea
schreiben kirjoittaa
Schublade pöytälaatikko
Schuh kenkä
Schulden velka
Schule koulu
schwach heikko
Schwamm pesusieni
schwanger raskas
Schwanz häntä
schwarz musta
Schwein sika
schwer raskas, painava
Schwester sisko
schwierig vaikea
schwimmen uida
See järvi
Seele sielu
Segel purje
sehen nähdä
Sehnsucht ikävä
sehr hyvin, kovin
Seide silkki
Seife saippua
sein olla
seit saakka, lähtien
Seite (Buch) sivu
selten harvoin
seltsam harvinainen
Senf sinappi
setzen asettaa, laittaa; **sich s.** asettua
sicher (gewiss) varma; **(gefahrlos)** turvallinen
sie hän; **(Mz.)** he
Silber hopea
singen laulaa
sitzen istua
so niin, näin, noin; **s. dass** niin että
sogar jopa
Sohn poika
sollen pitää
Sonne aurinko
sonst muuten, muulloin
Soße kastike
sowohl sekä
Spaß leikki, huvi; **Sp. haben** pitää hauskaa
spät myöhä, myöhään
später myöhemmin
Spiegel peili
Spiel leikki
spielen (Kinder) leikkiä; **(Sport)** pelata
Spielplatz leikkipaikka
Spielzeug lelu
Spinne hämähäkki
spitz terävä
Spitze kärki
Sprache kieli
sprechen puhua
Stadt kaupunki
stark vahva
Staub pöly
Steckdose pistorasia
stecken (hinein-) pistää

Stecker pistoke
stehen seisoa
stehlen varastaa
steif jäykkä, kankea
steil jyrkkä
Stein kivi
stellen asettaa, panna
sterben kuolla
Stern tähti
Steuer (Abgabe) vero
steuern (lenken) ohjata
Stiefel saapas
stolz ylpeä
stören häiritä
stoßen työntää
Straße katu
streicheln hyväillä
Streichholz tulitikku
streiten riidellä
Strom (a. elektr.) virta
Strumpf sukka
Stück kappale, pala
Stuhl tuoli
stumpf tylsä
Stunde tunti
stur itsepäinen
suchen etsiä, hakea
süchtig riipuvainen
Suppe keitto
süß makea

T

Tabak tupakka
Tag päivä
Tal laakso
tanzen tanssia
Tasche laukku;
(in Kleidung) tasku
Tasse kuppi
taub kuuro
tauchen sukeltaa
tauschen vaihtaa
Taxi taksi
Teig taikina
Teil osa, palanen
teilen jakaa
Teller lautanen
teuer kallis
tief syvä
Tier eläin
Tinte muste
Tisch pöytä
Tochter tytär, tyttö
toll kiva, hassu
Topf kattila, pata
tot kuollut
töten tappaa
tragen kantaa
träumen nähdä unta
traurig surullinen
treffen tavata
Treppe porras, portaat
treten astua
treu uskollinen
trinken juoda
trocken kuiva
tropfen tippua
Tuch liina
Tür ovi
Turm torni

U

üben harjoitella
über yli
überall kaikkialla
übermorgen ylihuomenna
übernachten olla yötä, yöpyä
übersetzen kääntää
übrig (sein) jäljellä
Uhr kello
um ... herum ympärillä
umbringen ottaa hengiltä
umsteigen vaihtaa
umziehen muuttaa;
sich u. vaihtaa vaatteita
und ja
ungefähr noin, suunnilleen
unglaublich uskomaton
Universität yliopisto
unschuldig syytön
unten alhaalla
unter alla, alle;
(inmitten) joukossa
unterhalten, sich keskustella
Unterhemd aluspaita
Unterhose alushousut
unternehmen tehdä
Unternehmen yritys
Urlaub loma
ursprünglich alkuperäinen

V

Vater isä
verbieten kieltää
verboten kielletty
Verbrechen rikos
Verein yhdistys, seura
verfault mädäntynyt
vergangen mennyt

vergessen unohtaa
verheiratet naimisissa
verkaufen myydä
verlassen hylätä, jättää
verletzen loukata
verliebt rakastunut
verlieren kadottaa
verlobt kihloissa
vermissen kaivata
vermuten luulla, otaksua
vernünftig järkevä
verprügeln antaa selkään
verschieden eri(lainen)
verschwinden kadota, häipyä
verspäten olla myöhässä
versprechen luvata
verstecken piilottaa
verstehen ymmärtää, tajuta; **(Sprache)** osata
versuchen yrittää, koettaa
Vertrag sopimus
verwüstet autio, hylätty
verzerrt vääristynyt
viel paljon
viele moni, monet
vielleicht ehkä
Vogel lintu
Volk kansa
voll täysi
von -sta / -stä
vor edessä, eteen; **(zeitl.)** ennen
vorgestern toissapäivänä
vorige/r/s edellinen, viime
vorschlagen ehdottaa
vorsichtig varovainen
Vorurteil ennakkoluulo

W

Waage vaaka
wach valveilla, hereillä
wachsen kasvaa
Waffe ase
wagen uskaltaa
Wagen auto
Wahl valinta
wählen valita
wahr tosi, totta
während aikana, sillä aikaa kun
wahrscheinlich todennäköinen
Wald metsä
Wand seinä
Wange poski
wann milloin, koska
warten odottaa
warum miksi
was mikä, mitä
waschen pestä
Wasser vesi
Wasserfall vesiputous; **(Stromschnelle)** koski
Watte vanu, pumpuli
weder ... noch ei ... eikä
weg pois
Weg tie
weggehen mennä pois
wegtun panna pois
wehtun koskea, särkeä
weiblich naispuolinen
weich herkkä, pehmeä
Weihnachten joulu
weil koska
Wein viini
weinen itkeä
weise viisas
weiß valkoinen
weit kauas
weiter kauemmas, edelleen
welche/r/s mikä, kuka
Welle aalto
Welt maailma
wen kenet, ketkä
wenig vähän
wenige muutama
wenn jos, kun; **w. nicht** jollei
wer kuka
werfen heittää
Werkzeug työkalu
wertvoll arvokas
Wespe ampiainen
Wettbewerb kilpailu
Wetter sää, ilma
wichtig tärkeä
wie kuinka, miten; **(Vergl.)** kuin
wieder jälleen, taas
wiederholen toistaa, kerrata
wiegen punnita, painaa
Wiese niitty
wild villi
Wind tuuli
wir me
wirklich todellinen
wissen tietää
wo missä, jossa
Woche viikko
wohnen asua
Wohnung asunto
Wolke pilvi

Wolle villa
wollen tahtoa, haluta
Wort sana
Wörterbuch sanakirja
wünschen toivoa
Wurm mato
Wurst makkara
Wurzel juuri
wütend vihainen

Z

Zahl luku
zählen laskea
zahm kesy
Zahn hammas
Zahnbürste hammasharja
Zahnpasta hammastahna
Zange pihdit, hohtimet
zart hento
zärtlich hellä
Zaun aita
Zeh varvas
Zeichen merkki
zeigen näyttää
Zeit aika
Zeitschrift lehti
Zeitung sanomalehti
Zelt teltta
zerbrechlich särkyvä
Zettel lappu
Zeuge todistaja
Ziege vuohi
ziehen vetää
ziemlich melko
Zigarette savuke
Zimmer huone
zu (jmdm.) luo; **(z. sehr)** liian
Zucker sokeri
zufällig sattumalta
zufrieden tyytyväinen
Zug juna
zukünftig tuleva
Zunge kieli
zurück jälkeen, takaisin
zusammen yhdessä, yhteensä
Zweig oksa
Zwiebel sipuli
zwingen pakottaa
zwischen välissä, välillä

A

aalto Welle
aamiainen Früstück
aave Gespenst
ahdas eng
ahkera fleißig
ahmia fressen
ahne gierig
aika Zeit;
  sillä aikaa kun während
aikainen früh
aikana während
aikataulu Fahrplan
aikuinen erwachsen
aina immer
ainoa einzig
ainoastaan einzig, nur
aita Zaun
äiti Mutter
aito echt
aivan ganz
aivastaa niesen
ajaa fahren
ajatella denken
äkkiä plötzlich
alas runter
alaston nackt
alava niedrig
alhaalla unten
alkuperäinen ursprünglich
alla unter
alle unter
ällöttävä scheußlich
aloittaa anfangen
alushousut Unterhose
aluspaita Unterhemd
alustaa kneten
ammatti Beruf
ämpäri Eimer
ampiainen Wespe
ampua schießen
antaa geben;
  a. lupa erlauben;
  a. selkään verprügeln
apina Affe
appelsiini Apfelsine
arka empfindlich
arkku Sarg
armeija Armee
arvata raten
arvokas wertvoll
ase Gewehr, Waffe
asema Bahnhof
asemalaituri Bahnsteig
asettaa legen, setzen, stellen
asettua sich setzen
asia Sache, Ding
asti bis
astua treten;
  a. sisään eintreten
asua wohnen
asunto Wohnung
auki offen
aukio Platz (öffentl.)
aurinko Sonne
autio einsam, verwüstet
auto Wagen
auttaa helfen
avain Schlüssel
avata aufmachen, öffnen
avoinna offen

E

edelleen weiter
edellinen vorige/r/s
edessä vor
ehdottaa vorschlagen
eheä heil
ehkä vielleicht
ehyt heil
ei nein, nicht;
  ei ... eikä weder ... noch;
  ei koskaan nie;
  ei kukaan keiner, niemand;
  ei mitään nichts;
  ei myöskään auch nicht;
  ei yhtään kein
eilen gestern
elää leben
eläin Tier
eläkeläinen Rentner/in
elämä Leben
elävä lebendig
eli oder
elintarvike Lebensmittel
ennakkoluulo Vorurteil
ennen vor (zeitl.), bevor
ensi nächste/r/s
ensimäinnen erste/r/s
epä un-
eräs ein/e/r (gewisse/r/s)
eri besondere/r/s
erilainen verschieden
erikoinen besondere/r/s
erillään getrennt
erityisesti besonders

erossa getrennt
esimerkki Beispiel
esimies Chef
esine Ding, Sache
eteen vor
etikka Essig
etsiä suchen
että dass; damit

H

haarukka Gabel
häipyä abhauen, verschwinden
häiritä stören
haista riechen
hakea (ab)holen, suchen
halu Lust
haluta wollen
hämähäkki Spinne
hame Rock
hammas Zahn
hammasharja Zahnbürste
hammastahna Zahnpasta
hän er, sie
häntä Schwanz
hapan sauer
harja Bürste
harjoitella üben
harmaa grau
harvinainen seltsam
harvoin selten
hassu toll
hattu Hut
haukkua schimpfen
hauska lustig
hautausmaa Friedhof
hävetä schämen
he sie (Mz.)
hedelmällinen fruchtbar
hedelmät Obst
heikko schwach
heittää werfen, schmeißen
hellä zärtlich, zart
helppo leicht
hento zart
hereillä wach
herkkä empfindlich, weich
hevonen Pferd
hidas langsam
hieno fein
hiili Kohle
hiiri Maus
hiljaa leise (Umst.)
hiljainen leise, ruhig
hinata abschleppen
hirveä schrecklich
hirvi Elch
hissi Aufzug, Fahrstuhl
historia Geschichte
hitaasti langsam (Umst.)
hiukset Haare
hohtimet Zange
hoikka schlank
hoitaa pflegen
hölmö blöd
hölynpöly Blödsinn
hopea Silber
housut Hose
höyhen Feder
höyry Dampf
hunaja Honig
huomenna morgen
huone Raum, Zimmer
huono schlecht
huuli Lippe
huutaa rufen
huvi Spaß
hylätä verlassen
hylätty verwüstet
hylly Regal
hyödyllinen nützlich
hyttynen Mücke
hyvä gut
hyväillä streicheln
hyvin sehr

I

ihminen Mensch; **ihmiset** Leute
iho Haut
ikävä Sehnsucht
ikkuna Fenster
ilma Wetter
ilman ohne
ilmoittaa mitteilen
ilo Lust
iloinen froh
iloita sich freuen auf
ilta Abend
irrallinen lose
isä Vater
iso groß
isoäiti Großmutter
isoisä Großvater
istua sitzen
itikanpurema Mückenstich
itikka Mücke
itkeä weinen
itsepäinen stur

J

ja und
jää Eis
jäädä bleiben;
j. pois aussteigen
jääkaappi Kühlschrank
jäätelö (Speise-)Eis
jäätikkö Gletscher
jakaa teilen
jäljellä übrig (sein)
jalka Fuß
jalkapallo Fußball
jälkeen nach, zurück;
sen j. kun nachdem
jälleen wieder
jamekset Jeans
jänis Hase
janoinen durstig
järkevä vernünftig
järvi See
jäte Abfall, Müll
jatkaa fortfahren (mit)
jättää verlassen
jauho Mehl
jäykkä steif
johtaa führen
joka(inen) jeder
joki Fluss
joko entweder
jollei wenn nicht
joo ja
jopa sogar
jos als; mehr als; wenn
jossa wo (rel.)
jotta damit
joukossa unter (inmitten)
joulu Weihnachten
juhla Fest
julkinen öffentlich
julma grausam
juna Zug
juoda trinken;
j. känniin besaufen
juokseva flüssig
juoma Getränk
juoni Laune
juopotella saufen
juopunut betrunken
juosta laufen, rennen
juttu Sache
juuri Wurzel
juusto Käse
jyrkkä steil

K

kääntää drehen, übersetzen
kääntyä abbiegen
kaappi Schrank
käärme Schlange
kaataa gießen
kadota verschwinden
kadottaa verlieren
kaikki alle
kaikkialla überall
kaivata vermissen
kakku Kuchen
kala Fisch
kalja Bier
kallis teuer
kalpea bleich
kaltainen ähnlich
kama Ramsch, Zeug
kamala furchtbar
kammata kämmen
kampa Kamm
kana Huhn
kankea steif
kansa Volk, Leute
kansi Deckel
kanssa mit
kantaa tragen
kapea eng, schmal
kapine Ding
kappale Stück
karkea rauh
kärki Spitze
kärpänen Fliege
kärsivällinen geduldig
kartta Karte
käsi Hand, Arm
käsilaukku Handtasche
käsine Handschuh
käskeä befehlen
kastella gießen
kastike Soße
kasvaa wachsen
kasvi Pflanze
kasvot Gesicht
kateellinen neidisch
katsoa anschauen, gucken
kattila Kessel, Topf
katto Dach
katu Straße
kauas weit
kauemmas weiter
kauhea furchtbar, schrecklich
kaula Hals
kaulahuivi Schal
kaunis schön
kauppa Geschäft
kaupunki Stadt
kautta durch
kävellä gehen (zu Fuß)

käydä gehen;
k. *jnk* **luona** besuchen
käytetty gebraucht
kehä Kreis
kehittää entwickeln
keinotekoinen künstlich
keitetty gekocht
keittää kochen
keittäjä Koch
keittiö Küche
keitto Suppe
keksiä erfinden
kello Glocke, Uhr
keltainen gelb
kenet wen
kenkä Schuh
kerjätä betteln
kerrata wiederholen
kertoa erzählen
keskustella sich unterhalten
kesy zahm
ketju Kette
ketkä wen
kevät Frühling
kevyt leicht
kieli Zunge, Sprache
kielletty verboten
kieltää verbieten
kihloissa verlobt
kiinni geschlossen
kiirehtiä sich beeilen
kiitos danke, Dank
kilpailu Wettbewerb
kilpi Schild
kinkku Schinken
kippo Napf
kirja Buch
kirjain Buchstabe
kirjava bunt
kirje Brief
kirjoittaa schreiben
kirkas hell
kirkko Kirche
kirsikka Kirsche
kirstu Kiste
kisko Schiene
kissa Katze
kiusallinen peinlich
kiusata quälen
kiva nett, toll
kivääri Gewehr
kivi Stein
klosetti Klosett
koetella probieren
koettaa versuchen
kohtelias höflich
koira Hund
kokki Koch
koko ganz
kokonainen ganz
kolikko Münze
kolkko düster
kolo Loch
kömpelö plump
kömpiä kriechen
kori Korb
korkea hoch
korkki Korken
korkkiruuvi Korkenzieher
koru Schmuck
korva Ohr
koska weil, wann
koskea wehtun
koski Wasserfall
kostea feucht
kotiin nach Hause
kotona zu Hause
koulu Schule
kova hart
kovaääninen Lautsprecher
kovin sehr
köyhä arm
kuin mehr als, wie (Vergl.)
kuinka wie
kuitti Quittung
kuiva dürr, trocken
kuivata abtrocknen
kuka welcher, wer
kukka Blume
kulho Napf
kulma Ecke
kulta Gold
kumi Gummi
kummitus Gespenst
kun wenn
kunhan wenn nur
kuolla sterben
kuollut tot
kuori Schale
kuorsata schnarchen
kuppi Tasse
kura Schmutz, Dreck
kurja elend, erbärmlich
kutista jucken
kutsua einladen, rufen
kuu Mond
kuukausi Monat
kuula Kugel
kuulakärkikynä Kugelschreiber
kuulua gehören
kuuluisa berühmt
kuuluva laut
kuuma heiß

kuuro taub
kylä Dorf
kyllä ja
kylläinen satt
kylmä kalt
kylpeä baden
kynsi Fingernagel
kypärä Helm
kypsä reif
kysyä fragen
kysymys Frage

L

lääkäri Arzt
laakso Tal
lääni Landkreis
laatikko Kiste
lähde Quelle
lähellä nahebei
lähettää schicken
lähin nächste/r/s
lähteä abfahren
lähtien seit
laimea lau
lainata ausleihen
laiska faul
laittaa setzen
laituri Bahnsteig
laiva Schiff
laki Gesetz
lakki Mütze
lammas Schaf
lammikko Pfütze
lamppu Lampe
lanka Faden
läpi durch
läpinäkyvä durchsichtig
lappu Zettel
lapsi Kind
laskea rechnen, zählen
lasku Rechnung
lasta Schiene
lauhkea lau
laukku Tasche
laulaa singen
laulu Lied
lause Satz
lauta Brett
lautanen Teller
lehti Blatt, Zeitschrift
leikata schneiden
leikki Spiel, Spaß
leikkiä spielen
leikkipaikka Spielplatz
leipä Brot
leipoa backen
lelu Spielzeug
lentää fliegen
lentokenttä Flughafen
leuka Kinn
leveä breit
levysoitin Plattenspieler
lieju Schlamm
liftari Anhalter
liha Fleisch
lihava fett
liian zu sehr
liima Klebstoff
liina Tuch
liitu Kreide
lika Schmutz
likainen schmutzig
limainen schleimig
linna Schloss, Burg
lintu Vogel
lippu Fahne, Zettel
litteä flach
loma Urlaub
lopettaa aufhören (mit etw.)
loppua aufhören, enden
loukata beleidigen, verletzen
löytää finden
luja fest
lukea lesen
lumi Schnee
luo bei, zu
luoda (er)schaffen
luona bei
lusikka Löffel
luu Knochen
luulla vermuten, meinen
luvata versprechen
lyhyesti kurz (Umst.)
lyhyt kurz
lyijykynä Bleistift
lykätä schieben
lyödä schlagen

M

maa Erde
maailma Welt
maata liegen
maatila Bauernhof
mädäntynyt verfault
mahdollinen möglich
maito Milch
makea süß
makeinen Bonbon
makkara Wurst
maksaa bezahlen
maleksia herumlungern
mansikka Erdbeere
marja Beere
märkä nass

marmelaati Marmelade
matala flach, niedrig
matka Reise, Fahrt
matkalaukku Koffer
matkalippu Fahrkarte
mato Wurm
me wir
mehiläinen Biene
mekko Kleid
melkein fast
melko ziemlich
mennä gehen;
  m. naimisiin heiraten;
  m. pois weggehen
mennyt vergangen
meri Meer
merkki Zeichen
metallilanka Draht
metsä Wald
metsäkauris Reh
miehekäs männlich
mielellään gern
miellyttää gefallen
miellyttävä angenehm
mies Mann
miettiä nachdenken
mikä was, welcher
miksi warum
milloin wann
minä ich
missä wo
mitä was;
  m. ... sitä je ... desto
mitata messen
miten wie
monet viele
moni viele
mootoripyörä Motorrad
muistuttaa erinnern
mukava bequem, nett
muki Becher
multa Erde (Erdreich)
mummo Oma
muna Ei
musta schwarz
mustasukkainen eifersüchtig
muste Tinte
mutta aber
muu andere/r/s
muulloin sonst
muurahainen Ameise
muuri Mauer
muutama wenige, einige
muuten sonst
muuttaa umziehen;
  m. pois ausziehen
myöhä spät
myöhään spät
myöhemmin später (Umst.)
myös auch
myöten längs
myssy Mütze
myydä verkaufen
myymälä Laden

N

naama Gesicht
naapuri Nachbar
nähdä sehen;
  n. unta träumen
nahka Haut, Leder
naimaton ledig
naimisissa verheiratet
näin so
nainen Frau
naispuolinen weiblich
nälkä Hunger
nälkäinen hungrig
napapiiri Polarkreis
nappi Knopf
nätti hübsch
nauha Band
naula Nagel
nauraa lachen
naurettava lächerlich
nauttia genießen
näyttää zeigen
nenä Nase
nenäkäs frech
neula Nadel
neuvoa raten (Ratschlag)
niin so;
  n. että so dass
niitty Wiese
nimi Name
nipistää kneifen
noin so, ungefähr
nolo verlegen
nopea schnell
nostaa heben
notkea biegsam
nousta aussteigen;
  n. sisään einsteigen;
  n. ylös aufstehen
noutaa abholen
nukke Puppe
nukkua schlafen
nuolla lecken
nuori jung
nurkka Ecke
nurmikko Rasen
nyt jetzt

O

odottaa warten
ohjata steuern

ohut dünn
oikea echt, richtig, rechte/r/s
oikein richtig (Umst.)
oja Graben
oksa Zweig
öljy Öl
oikeamielinen gerecht
olla sein, haben;
o. loppu alle sein;
o. myöhässä sich verspäten;
o. nimeltä heißen;
o. päällä anhaben;
o. voimassa gelten;
o. yötä übernachten
olut Bier
oma eigene/r/s
omena Apfel
omistaa haben, besitzen
ommella nähen
on es gibt
onkia angeln
onnellinen glücklich
ontto hohl
opetella lernen
opettaja Lehrer
oppia lernen;
o. tuntemaan kennen lernen
osa Teil
osata können, verstehen (Sprache)
ostaa kaufen, einkaufen
otaksua vermuten
ottaa nehmen;
o. hengiltä umbringen;
o. kiinni greifen
ovela schlau
ovi Tür

P

pää Kopf
päärynä Birne
paeta fliehen
pähkinä Nuss
pahoin schlecht (Umst.)
paikka Ort, Platz
painaa wiegen
painava schwer
paistaa scheinen, braten
paistettu gebraten
paisti Braten
paita Hemd
päivä Tag
paketti Paket
pakottaa zwingen
paksu dick
pala Stück
palanen Teil
palella frieren
paljas nackt
paljon viel
pallo Ball
panna legen, stellen;
p. päälle anschalten;
p. pois wegtun
pankki Bank
panta Band
pata Kessel, Topf
pehmeä weich
peili Spiegel
peitto Decke (Bett)
pelata spielen (Sport)
pelätä Angst haben
peninkulma zehn Kilometer
penkki (Sitz-)Bank
perhonen Schmetterling
persikka Pfirsich
peruna Kartoffel
pestä waschen
pesusieni Schwamm
pettää betrügen
peukalo Daumen
pian bald
pieni klein
pihdit Zange
piilottaa verstecken
piippu Pfeife
piiska Peitsche
pikkuraha Kleingeld
pilvi Wolke
pimeä dunkel
pippuri Pfeffer
pissata pinkeln
pistää stecken, stechen
piste Punkt
pistoke Stecker
pistorasia Steckdose
pitää müssen, sollen;
p. hauskaa Spaß haben
pitkäveteinen langweilig
pitkin längs
pohja Boden
poika Junge, Sohn
poikki quer durch
pois weg
poliisi Polizei
polttaa brennen, rauchen
polvi Knie

pöly Staub
porras, portaat Treppe
poski Wange
postimerkki Briefmarke
pöty Quatsch
pöytä Tisch
pöytälaatikko Schublade
puhdas rein
puhua reden, sprechen
pukea anziehen
puku Kleid
pullo Flasche
pumpuli Watte
punainen rot
punnita wiegen
puolesta für
purje Segel
purkinavaaja Dosenöffner
purra beißen
purukumi Kaugummi
pussata küssen
pusu Kuss
puu Holz, Baum
puusee Plumpsklo
puutarha Garten
puuttua fehlen
puuvilla Baumwolle
pyhä heilig
pyörä Rad
pyörittää drehen
pysähtyä (an)halten
pyyhe Handtuch
pyytää bitten

R

raaka rau, roh
raami Rahmen
raha Geld
raide Gleis
raitis nüchtern
rakas lieb
rakastaa lieben
rakastunut verliebt
rakennus Gebäude
rakentaa bauen
rakkaus Liebe
rasia Dose, Schachtel
raskas schwer, schwanger
rasvainen fett
ratkaista entscheiden
ratsastaa reiten
rauha Frieden
rautatie Eisenbahn
rehellinen ehrlich
reikä Loch
repiä reißen
riidellä streiten
riippuvainen süchtig
riisi Reis
rikas reich
rikki kaputt
rikos Verbrechen
rinta Brust
rohkea mutig
roska Abfall, Müll
rotta Ratte
rouva Frau (Anrede)
röyhkeä frech
rukoilla beten
ruma hässlich
ruoka Essen
ruoska Peitsche
ruskea braun
ruumis Körper
ruuvi Schraube
ruuvimeisseli Schraubenzieher
ryömiä kriechen
ryypätä saufen
ryyppy Schnaps

S

sää Wetter
saada bekommen; dürfen
saakka bis, seit
saapas Stiefel
sade Regen
säikähtää erschrecken
saippua Seife
sairaala Krankenhaus
sairas krank
saita geizig
säkki Sack
saksa Deutsch
sakset Schere
salainen geheim
salamoida blitzen
sallia erlauben
sama der/die/dasselbe
samalainen gleich
sammakko Frosch
sämpylä Brötchen
sana Wort
sanakirja Wörterbuch
sanko Eimer
sänky Bett
sanoa sagen
sanomalehti Zeitung
särkeä wehtun
särkyvä zerbrechlich
sataa regnen
satama Hafen
sattumalta zufällig

savu Rauch
savuke Zigarette
se es
seinä Wand
seisoa stehen
seisoskella herumstehen
sekä sowohl
sekalainen gemischt
sekoittaa mischen
selittää erklären
selkä Rücken
selvä deutlich, nüchtern
seura Gesellschaft, Verein
seuraava nächste/r/s
seurata folgen
seutu Ort
siellä da, dort
sielu Seele
sieni Pilz, Schwamm
siipi Flügel
siisti sauber
sika Schwein
sileä glatt
silittää bügeln
silitysrauta Bügeleisen
silkki Seide
silloin damals
silmä Auge
silta Brücke
sinä du
sinappi Senf
sininen blau
sipuli Zwiebel
sisäinen innere/r/s
sisällä drinnen, in
sisko Schwester
sivu Seite
snapsi Schnaps
soittaa anrufen
soittokello Klingel
sokea blind
sokeri Zucker
solmu Knoten
sopia aushandeln
sopimus Vertrag
sopiva geeignet
sota Krieg
suihku Dusche
sukeltaa tauchen
sukka Strumpf
sukupuoli Geschlecht
suljettu geschlossen
sulka Feder
sulkea schließen, ausschalten
sumu Nebel
suola Salz
suora gerade
suoraan gerade(wegs)
suositella empfehlen
surkea elend, erbärmlich
surullinen traurig
suu Mund
suudella küssen
suukko Kuss
suunnilleen ungefähr
suuri groß
suututtaa ärgern
sydän Herz
syksy Herbst
synkkä düster
syntynyt geboren
syödä essen
sytytin Feuerzeug
syvä tief
syytön unschuldig

T

taakse hinter
täällä hier
taas wieder
tähän hierher
tähti Stern
tahtoa wollen
tai oder
taikina Teig
taipuisa biegsam
taistella kämpfen
tajuta verstehen
takaisin zurück
takana hinter
takki Mantel
taksi Taxi
talo Haus
tämä diese/r/s
tänään heute
tänne hierher
tanssia tanzen
tapahtua geschehen
tappaa töten
tappelu Schlägerei
tärkeä wichtig
tarkka genau
tarkoittaa bedeuten, meinen
tarpeeksi genug
tarpeellinen nötig
tarvita benötigen, brauchen
tasainen eben, glatt
tasan genau (Umst.)
tasku Tasche (in Kleidung)
täsmällinen pünktlich
tavaratalo Kaufhaus

tavata finden, treffen
täysi voll
täysin ganz
täytyä müssen
te ihr
tehdä machen, unternehmen;
t. mieli Lust haben;
t. työtä arbeiten;
t. vuode Bett machen
televisio Fernseher
teltta Zelt
terävä scharf, spitz
terve gesund
terveellinen gesund
tervehtiä grüßen
tie Weg
tietää wissen
tietokone Computer
tiivis dicht
tikkaat Leiter
tila Platz, Raum
tilata bestellen
tippua tropfen
tiskata abwaschen
tiukka dicht
todella wirklich (Umst.)
todellinen wirklich
todennäköinen wahrscheinlich
todistaa beweisen
todistaja Zeuge
toimia machen
toimisto Büro
toinen andere/r/s, zweite/r/s
toissapäivänä vorgestern
toistaa wiederholen
toivoa hoffen, wünschen
tokko ob
tölkki Dose
tori Markt
torni Turm
tosi Ernst; wahr
totinen Ernst
totta wahr
tuhka Asche
tuijottaa glotzen
tukka Haare
tuleva zukünftig
tuli Feuer
tulitikku Streichholz
tuntea fühlen, kennen
tunti Stunde
tuoli Stuhl
tuolla da, dort, drüben
tuomari Richter
tuoppi Becher
tuore frisch
tuottaa herstellen
tupakka Tabak
turvallinen sicher (gefahrlos)
tuskin kaum
tuuli Wind, Laune
tyhjä leer
tyhmä dumm
tylsä stumpf, dumm
työ Arbeit
työkalu Werkzeug
työntää schieben, stoßen
tytär Tochter
tyttö Mädchen, Tochter
tyttöystävä (feste) Freundin
tyyny Kissen
tyytyväinen zufrieden

U

uida schwimmen
ukki Opa
ulkomainen ausländisch
ulkona draußen
ulos raus
unohtaa vergessen
usein oft
uskalias mutig
uskaltaa wagen
uskollinen treu
uskomaton unglaublich
utelias neugierig
uuni Ofen
uusi neu

V

vaaka Waage
vaalea hell
väärä falsch
vaarallinen gefährlich
väärin falsch (Umst.)
vääristynyt verzerrt
vaatimaton bescheiden
vähän etwas, wenig
vahava fest
vahingollinen schädlich
vahva stark
vai oder
vaihtaa tauschen, umsteigen;
v. vaatteita sich umziehen
vaikea schwierig
vaikka obwohl

vain nur
vaivata kneten
valehdella lügen
välillä zwischen
valinta Wahl
välissä zwischen
valita wählen
valkoinen weiß
valmis fertig
valmistaa herstellen
valo Licht
valveilla wach
vanha alt
vankila Gefängnis
vanu Watte
vapaa frei
vapaaehtoinen freiwillig
varastaa klauen
väri Farbe
varjo Schatten, Schirm
varma sicher (gewiss)
varovainen vorsichtig
vartalo Körper
varten für
varvas Zeh
vasen linke/r/s
vastata antworten
väsynyt müde
vatsa Bauch
veitsi Messer
veli Bruder
velka Schulden
vene Boot
veri Blut
verkko Netz
vero Steuer (Abgabe)
vesi Wasser
vesiputous Wasserfall
vetää ziehen
viedä führen
viekas schlau
vielä noch;
  v. kerran noch einmal
vieras fremd
vieressä neben
vihainen böse, wütend
vihannes Gemüse
vihreä grün
viikko Woche
viime vorige/r/s
viimeinen letzte/r/s
viini Wein
viipyä bleiben
viisas klug, weise
vilkaista gucken
villa Wolle
villi wild
virrata fließen
virta Strom
viskata schmeißen
voi Butter
voida können
voileipä belegtes Brot
voimassa gültig
voittaa gewinnen
vuode Bett
vuohi Ziege
vuokrata mieten
vuori Berg
vuosi Jahr
vuotaa fließen, lecken;
  v. verta bluten
vyö Gürtel

Y

yhä: y. vielä immer noch
yhdessä zusammen
yhdistys Gesellschaft, Verein
yhtäkkiä plötzlich
yhteensä zusammen
yhteinen gemein
yksin allein
yksinäinen einsam
yksinkertainen einfach
ylätasanko Hochebene
yleinen allgemein, öffentlich
ylhäällä oben
yli über
ylihuomenna übermorgen
yliopisto Universität
ylös hinauf
ylpeä stolz
ymmärtää verstehen
ympärillä um ... herum
ympyrä Kreis
yö Nacht
yökätä kotzen
yöpyä übernachten
yrittää versuchen
yritys Versuch, Unternehmen
ystävä Freund
ystävällinen freundlich

Die Autorin

Hillevi Low wurde 1950 im finnischen Juva geboren und wuchs im Dorf Hietajärvi (10 Häuser, 60 Einwohner) auf.

„Nach der Schule kam ich nach Deutschland, um meine Deutschkenntnisse aufzubessern und zu vertiefen. Nun bin ich immer noch hier, und ausgelernt habe ich wohl auch nicht. Reisen, andere Sitten und Menschen haben mich schon immer interessiert, und durch meine Tätigkeit in der Reisebranche habe ich glücklicherweise die Möglichkeit, die Globetrotterei in der großen, weiten Welt zu betreiben. Dennoch zieht es mich immer wieder zurück in die Heimat, und dort, in der Stille der Natur, gewinnt so manches wieder den richtigen Stellenwert, vieles erhält eine andere Dimension. Ich hoffe, dass Sie in Finnland ähnliche Erfahrungen machen."